Lo siniestro se sigue riendo
en la literatura de
Lamborghini, Aira y Carrera,
y en la producción cultural
poscrisis 2001

OFELIA ROS

ISBN: 1-930744-75-7
© Serie *Nuevo Siglo*, 2016
INSTITUTO INTERNACIONAL DE
LITERATURA IBEROAMERICANA
Universidad de Pittsburgh
1312 Cathedral of Learning
Pittsburgh, PA 15260
(412) 624-5246 • (412) 624-0829 fax
iili@pitt.edu • www.iilionline.org

Colaboraron con la preparación de este libro:

Composición y diseño gráfico: Erika Arredondo
Correctores: Jaime Ariza y Susana Rosano
Imagen de tapa corresponde a la artista Amparo Sard

Índice

A mis amigos y su eterno asalto a la belleza

Dibujante: Lucía de Salterain

Introducción

El asunto de la comicidad es lo feo en cualquiera de las formas en que se manifieste: Donde está escondido, es preciso descubrirlo a la luz del abordaje cómico; donde es poco o apenas notable, hay que destacarlo y volverlo patente para que se evidencie de una manera. *Así* nace la caricatura.

—Sigmund Freud, *El chiste y su relación con lo inconsciente.*

Un hombre no puede volver a ser niño sin volverse infantil. Pero, ¿no disfruta acaso de la ingenuidad de la infancia, y no debe aspirar a reproducir, en un nivel más elevado, su verdad? ¿No revive en la naturaleza infantil el carácter propio de cada época en su verdad natural?

—Karl Marx, *Grundrisse.*

En *El chiste y su relación con lo inconsciente* Freud declara que

el asunto de la comicidad es lo feo en cualquiera de las formas en que se manifieste: Donde está escondido, es preciso descubrirlo a la luz del abordaje cómico; donde es poco o apenas notable, hay que destacarlo y volverlo patente para que se evidencie de una manera. *Así* nace la caricatura. (Freud 11)

Al igual que lo cómico, lo infantil goza de un estatuto de ingenuidad a través del cual puede decir ciertas verdades que no serían aceptadas en forma de juicios. A la infancia y a lo cómico les otorgamos permiso para decir lo que nadie quiere escuchar. En palabras del humorista argentino Diego Capusotto, "lo que tiene el humor es que, a veces, deja al desnudo la propia miseria y es algo que no nos gusta ver" (12). A propósito se pregunta Karl Marx, "¿No revive en la naturaleza infantil el carácter propio de cada época en su verdad natural?" (*Grundrisse* 31). En las siguientes páginas exploraremos cómo lo infantil y lo cómico señalan aspectos de las relaciones sociales que pasamos por alto en la realidad cotidiana, naturalizados, ocultos a la vista de todos, que sintonizan con nuestra propia miseria y la de toda una época.

En este estudio autores como Karl Marx, György Lukács, Sigmund Freud, Jacques Lacan, Slavoj Žižek, Jacques Rancière y Jacques Derrida se articulan con textos literarios y libros cartoneros para poner en cuestión no únicamente los rasgos de una clase social, sino la miseria de toda una época: una causalidad, una dialéctica propia que va de subjetividad a subjetividad, y escapa a cualquier condicionamiento individual. A través de aspectos infantiles y / o cómicos, la producción cultural analizada se enlaza con lo siniestro freudiano para confeccionar una crítica ideológica sutil que subraya prácticas cotidianas en las que actuamos *como si* creyéramos en la estructura social y en los preceptos xenófobos y autoritarios en los que se sostiene su organización jerárquica. En suma, textos literarios y libros cartoneros abren el espacio para el advenimiento de lo siniestro freudiano; allí donde lo sustraído a los ojos, lo pasado por alto, lo oculto a la vista de todos, se revela como núcleo estructurante de la cotidianidad.

Su eje son tres escritores emblemáticos de la segunda mitad de siglo XX y ciertas respuestas culturales a la crisis económica, social y política de fines de 2001. Los tres primeros capítulos se centran en torno a la literatura del poeta, cuentista y novelista Osvaldo Lamborghini (1949-1985), del poeta Arturo Carrera (1948) y del novelista César Aira (1949), respectivamente. En el cuarto capítulo exploro la relación entre las fracturas en los ideales de economía, de sociedad y de nación provocadas por la crisis, y las transformaciones en el ideal de cultura, de las cuales considero emblemáticas la literatura de Washington Cucurto y los libros producidos por la editorial argentina Eloísa Cartonera.

En la producción cultural seleccionada predomina una combinación de aspectos del campo de lo cómico, como la sátira y la parodia, con aspectos propios de la infancia, lo torpe, lo fuera de lugar, lo inapropiado y lo sospechosamente inocente. A partir de dicha combinación, textos literarios y libros cartoneros introducen una extrañeza en el mundo de lo propio y lo conocido, poniendo en cuestión prácticas automáticas y naturalizadas en torno al dinero, la escritura, el libro, los chistes y la nación argentina. Momentos absurdos y cómicos, payasos, títeres, niños, basura y cartoneros interrumpen el orden de la economía y la cultura, abordando cuestiones dolorosas y hasta trágicas de las que nadie se atreve a reír demasiado. El cálculo económico, la jerarquización, la dominación, la violencia verbal al borde de la trompada, la violencia física al borde de la muerte y el sexismo se revelan en ámbitos cotidianos e íntimos que suponíamos libres de toda ideología.

En el primer capítulo, trabajo la construcción de lo que denomino la idea siniestra en la literatura de César Aira, a través de las novelas *La Villa* (2001), *Las noches de Flores* (2004) y *El Tilo* (2003). Esta noción es clave en la reformulación tanto del realismo entendido como valoración de la semejanza con la realidad, como de la vanguardia entendida como quiebre con el lenguaje representacional. Asimismo, a partir de una lectura en detalle de la novela *Los dos payasos*, reflexiono sobre cómo la distorsión de la representación deviene via regia hacia la fantasía ideológica que estructura las relaciones de dominio y sometimiento en torno a la escritura. El payaso que dicta, materializa el discurso del amo en el cual la escritura deviene letra muerta e insensible; pero el payaso que escribe se equivoca sorprendentemente al abrir un *impasse* en la relación de dominación.

En el segundo capítulo me centro en la novela de Osvaldo Lamborghini *La causa justa* (1982), en la cual el humor deja al desnudo el cinismo, la xenofobia y la homofobia presentes en la realidad social en la que se inscribe la novela —finales de la última dictadura militar durante la guerra de las Malvinas. Una concurrida esquina bonaerense, un auto policial, una cancha de fútbol cinco y sus duchas son el escenario donde chistes "inocentes" o "intelectuales" desatan la violencia verbal al borde de la trompada, y bromas sexistas y homofóbicas desencadenan la violencia física al borde de la muerte.

En el tercer capítulo muestro cómo Carrera nos introduce, a través de *Potlatch* (2004), en una escritura en la cual la infancia ocurre extrañando al dinero y al lenguaje. De la mano de la ingenuidad propia de la infancia su escritura incursiona en el entramado de prácticas, creencias, fantasías y goces que configuran las relaciones que establecemos con el dinero. El dinero aparece como objeto sublime que rige el intercambio entre los sujetos, pero también como objeto de intercambio que existe únicamente en la medida en que circula en una red social que lo valide. Su poesía destaca la tensión entre la estructura de sentido que otorga valor al dinero, y un resto de deseo que no termina de cifrarse en la moneda. Esta tensión enlaza, por un lado, la imposibilidad radical del don como aquello que excede a la estructura económica, y por el otro, la demanda de don que nos sigue interpelando en el lazo social.

Finalmente, en el cuarto capítulo me centro en la crisis de fines de 2001 en su sentido figurativo, como emblema de un período de inestabilidad y cuestionamiento de algunas de las certezas que amalgaman la configuración social, económica y cultural de la Argentina. Nuevas expresiones culturales invaden el escenario de la postcrisis, y esta reconfiguración en el régimen de las artes coincide con una reconfiguración de la estructura social en la cual los restos de la política neoliberal de los 90 –cartones y cartoneros– ya no pueden ser pasados por alto. Analizo esta reconfiguración a través de los documentales *Cartoneros*, de Ernesto Livon-Grosman, y *La dignidad de los nadies*, de Pino Solanas, para detenerme en la literatura de Washington Cucurto y el proyecto editorial Eloísa Cartonera. La estética torpe, cómica e infantil del libro cartonero funciona aquí como una parodia satírica del libro clásico que pone en cuestión las fantasías ideológicas que sostienen al libro como objeto sublime de la cultura, y al precio como indicador de su valor cultural.

LO SINIESTRO: VÍA REGIA AL NUDO IDEOLÓGICO CONTEMPORÁNEO[1]

"¿Qué entiende usted por *heimlich*? Pues me ocurre con ellos lo que con un manantial sumergido o un lago desecado. No se puede andarles encima sin tener la impresión de que en cualquier momento podría volver a surgir el agua. Ah, nosotros lo llamamos *unheimlich*, ¿ustedes lo llaman *heimlich*?" (Freud, "Lo ominoso" 227). Freud trae a colación esta conversación entre dos personas de distintas regiones de Alemania para

---

[1] El concepto freudiano de *Das unheimlich* fue traducido al español como "lo siniestro" en la edición de Luis-López Ballesteros de las obras completas de Sigmund Freud, y como "lo ominoso" en la edición de James Strachey. Si bien sigo el texto de Strachey, utilizo el término lo siniestro para referirme a este concepto freudiano, y en ocasiones utilizo su traducción al francés "inquietante extrañeza" o "extrañeza inquietante" y su derivado "familiar extrañeza".

pesquisar el significado de *heimlich* atendiendo a los usos dados en las diferentes localidades de habla germánica. Encuentra así que en algunas regiones el significado de *heimlich* se modifica con el uso, de suerte que cobra el sentido que suele asignarse a su antónimo, *unheimlich*. O sea que el sentido negativo de *unheimlich,* que nos remite a lo desconocido, lo ajeno, lo amenazante y peligroso, se encuentra ya en el término positivo *heimlich,* que nos remite a lo confiable y lo propio: a la entrañable intimidad del terruño, al bienestar de una satisfacción sosegada, de una calma placentera y una protección segura como las que produce la casa o el recinto cerrado donde se mora.

De esta forma, al partir de lo entrañable, lo íntimo y hogareño el significado va hacia lo sustraído a los ojos ajenos, lo oculto y lo secreto, hasta lo peligroso y amenazante. En esta desviación del significado, lo conocido, íntimo y familiar, linda con "lo reservado, lo inescrutable [...] es en otro sentido lo sustraído del conocimiento, lo inconsciente" (226). Así, Freud apunta con F.W.J. Schelling que lo siniestro "es todo lo que estando destinado a permanecer en lo secreto, en lo oculto, ha salido a la luz" (220). Y por ende, "es aquella variedad de lo terrorífico que se remonta a lo consabido de antiguo" (220).

Seguidamente, el autor se dedica a estudiar personas, cosas, impresiones, procesos y situaciones capaces de despertar la sensación de lo siniestro, entre las cuales se destacan el autómata, el doble y la repetición de lo igual. Figuras de cera, muñecas, autómatas y dobles nos hacen dudar de si no puede tener alma cierta cosa inerte. Mientras que repeticiones absurdas en la experiencia humana nos revelan la presencia de procesos automáticos y mecánicos que asimilan el sujeto al autómata, haciéndonos dudar de si en verdad es animado un ser en apariencia vivo. Hacia el final del texto Freud destaca que lo siniestro de la ficción, de la fantasía de la creación literaria, merece ser considerado aparte por ser mucho más rico que lo siniestro del vivenciar.

Lo cómico y lo infantil de la producción cultural analizada en este libro introducen una extrañeza inquietante en hábitos de pensamiento y acción que solemos pasar por alto y desestimar, pero que reproducen la xenofobia, el racismo, el sexismo y la homofobia. Esta extrañeza inquietante genera una tensión en la ideología, entendida como una "matriz generativa que regula la relación entre lo visible y lo no visible, entre lo imaginable y lo no imaginable, así como los cambios producidos en esta relación" (Žižek, *Ideología* 7).

La ideología tuvo su más concreta expresión en la frase, "[ellos] no lo saben, pero lo hacen", utilizada por el filósofo Karl Marx al referirse a la ilusión generalizada que rige el intercambio de mercancías en *El Capital* (64). Para el autor, el carácter misterioso de la mercancía estriba en que el valor de cambio ha llegado a ser tan familiar y cotidiano que parece ser una propiedad intrínseca de los objetos, como su peso o su densidad. Lo que parecería a simple vista la forma fantasmagórica de una relación entre objetos materiales encubre una relación social entre los hombres. El fetichismo de la mercancía oculta que el valor es efecto de la red de relaciones sociales en las que se inscribe como tal. "Al equiparar *unos con otros* en el cambio, *como valores*, sus diversos *productos*, lo que hacen es equiparar entre sí sus diversos trabajos, como modalidad de trabajo humano. No lo saben, pero lo hacen" (64).

El procedimiento clásico de la crítica ideológica pone énfasis en el "no lo saben", desatendiendo el "pero lo hacen", obviando y olvidando que inmerso en el jeroglífico social del valor, en sus prácticas cotidianas, el sujeto es un creyente de hecho. Así, el procedimiento clásico de la crítica ideológica que basado en la "falsa conciencia" se afana por dar a conocer los abusos de las elites económico-políticas, ha perdido su eficacia, porque el concepto de ideología como conciencia ingenua del mundo también la ha perdido. En la actualidad, el falso reconocimiento de la realidad deja paso al cinismo, la impudencia y la obscenidad descarada en la defensa y la práctica de acciones y doctrinas vituperables. Como plantea el filósofo alemán Peter Sloterdijk, "hace ya muchísimo tiempo que al cinismo difuso le pertenecen los puestos claves de la sociedad, en las juntas directivas, en los parlamentos, en los consejos de administración, en la dirección de las empresas, en los lectorados, consultorios, facultades, cancillerías y redacciones" (40). De esta forma, Sloterdijk invierte la fórmula marxista, "[ellos] no lo saben, pero lo hacen" y afirma, "[ellos] saben lo que hacen, pero lo hacen" (40).

Sin embargo, entre la afirmación marxista, "ellos no lo saben, pero lo hacen" y la de Sloterdijk, "[ellos] saben lo que hacen, pero lo hacen", está el complejo planteo psicoanalítico de un saber no sabido encarnado en las prácticas cotidianas. Las prácticas sociales cotidianas no son meramente externas y objetivas sino que se articulan en creencias y fantasías. A su vez, las fantasías y las creencias no son algo puramente interior y subjetivo sino que se entraman en una narrativa que antecede al sujeto dejando en lo imaginario una huella de las relaciones con sus semejantes y consigo mismo. Las prácticas sociales naturalizadas encarnan un saber no sabido que atañe a una narración fragmentada y colectiva, una narración de narraciones en la cual la fantasía adquiere la forma del mito. Lo que reconocemos falsamente no es la realidad sino la fantasía asociada a prácticas cotidianas mecanizadas y naturalizadas que estructuran la realidad. La ilusión consiste en negar la fantasía que estructura la realidad social; a esta ilusión inconsciente que se pasa por alto la denominaremos, siguiendo a Slavoj Žižek, fantasía ideológica.

Fantasía literaria y libros cartoneros

En la literatura de Lamborghini, Aira y Carrera, acontece una distorsión de la representación mimética de la realidad, que hace a un lado la valoración de la semblanza con la realidad, y deviene vía regia a la fantasía ideológica. Esta distorsión no implica un rechazo de la figuración representativa, ni un corte con la referencialidad, sino que prioriza una visibilización y una puesta en cuestión de los mecanismos cotidianos en los que la realidad se reproduce igual a sí misma, perpetuando la violencia, la xenofobia, el racismo y la homofobia.

Su literatura guarda una relación de familiar extrañeza con el contexto en el que se inscribe. Su lenguaje se aleja del lenguaje militante y la literatura comprometida de los setenta, así como de la tradición realista —narrativa y poética— de los años cincuenta y sesenta; se distancia del coloquialismo realista propio de la literatura comprometida. Su escritura no se define a partir de los temas, tampoco de la estética, sino a partir de captar la subjetividad que emerge y se manifiesta en los traspiés del lenguaje: allí donde trastabillan el sujeto y sus ideales de cultura, de economía, de masculinidad y de nación.

Esta particularidad en el trabajo con la subjetividad de su época hace casi imposible reducir a cualquiera de estos tres autores a una corriente o grupo literario determinados. Sus textos no se caracterizan por un lugar de pertenencia en el campo de las letras argentinas sino por ocupar el lugar del extranjero que no acaba nunca de llegar, del intruso que se adentra por sorpresa o por astucia, causando cierta inquietud y sin haber sido admitido de antemano.

Quizás la relación más compleja es la que establecen estos autores con el neobarroco, una de las tendencias más importantes de la literatura latinoamericana a partir de la década de los ochenta. El mismo comienza liderado por un grupo de poetas que no tienen como referente a Góngora o a Quevedo sino al cubano José Lezama Lima y a su seguidor, también cubano, Severo Sarduy. Como plantea Diego Vecchio, es Sarduy quien propone pensar ciertas producciones artísticas y literarias contemporáneas latinoamericanas a la luz de tres criterios que involucran el psicoanálisis lacaniano y otras teorías posestructuralistas: la desarticulación del signo lingüístico, "del mismo modo que el *Witz*, el sueño o el síntoma" (250); "la autorreflexividad, el involucramiento de otros textos para desfigurarlos, parodiarlos, exagerarlos, desvirtuarlos, aliterarlos, carnavalizarlos" (250); y "la búsqueda, por definición frustrada de lo que Lacan llama el *objeto a*" (251).

La literatura trabajada en este libro explora, a través del juego con el significante y la materialidad sonora de la palabra, las estructuras de sentido naturalizadas en la cotidianidad. Estructuras en las que el sujeto, como el autómata, repite algo ajeno y extraño pero central a su realidad. Su escritura no apunta a una abdicación adoradora y fiel, un simple movimiento de fe ante lo que desborda al conocimiento, a la ciencia o a la economía. Por el contrario, la misma responde tanto al exceso cercano a lo irracional, que fractura los ideales de cultura, de economía, de masculinidad y de nación, como al contrato social, la negociación, las obligaciones y los derechos que rigen el vínculo con el otro.

Como apunta Gareth Williams en su libro *The Other Side of the Popular,* el desafío está en abordar la compleja y quizás imposible relación entre los discursos dominantes y aquello que los excede, lo que nos compromete con un pensamiento relacional y potencialmente finito.

El exceso, bordeado en este libro a través de lo cómico y lo infantil, es –como propone Williams– el límite en el cual las narrativas hegemónicas y los modos dominantes de reproducción social e intelectual devienen disfuncionales, inviables e impracticables, y abren así el espacio para el advenimiento de todo aquello que, estando destinado a permanecer oculto, sale a la luz.

En el pensamiento filosófico-psicoanalítico que recorre la escritura de los mencionados autores se reconoce la influencia de las tendencias marcadas por la revista *Literal*, de la cual Osvaldo Lamborghini fue un referente esencial. Los escritores agrupados en torno a *Literal* se posicionaban contra el esteticismo de las bellas letras y contra la idea sartreana de compromiso, para dar lugar a la provocación y a la incertidumbre. Asimismo, descreían de las motivaciones comunicativas y referenciales en la escritura, a las que tildaban de populistas. La escritura de Osvaldo Lamborghini deja su mayor influencia en la literatura argentina en el neobarroco, a través de la barroquización sorprendente, el goce voluptuoso, y la desvergüenza pornográfica de su escritura. Asimismo, al libro *Arturo y yo* (1984), de Arturo Carrera, el crítico Martín Prieto lo considera una marca de origen del neobarroco en la Argentina. Pero las influencias nunca son lineales y, así como el espíritu de *Literal* marcado por Lamborghini produce un gran impacto en la escritura de Aira y de Carrera, en Lamborghini se pueden encontrar las influencias de los poetas Tamara Kamenszain, Perlongher y Carrera, y de los narradores Héctor Libertella y César Aira.

Sin embargo, sus marcadas diferencias de estilo y de género tornan problemática la posibilidad de pensar a estos tres escritores en términos de generación; en ellos la idea misma de generación se torna extraña en relación con su propio exceso. Considerarlos como un grupo de escritores denuncia una contradicción fundamental, una de la que ninguna comunidad identitaria jamás dará razón, porque no puede ni debe: tal es como plantea Derrida "la contradicción que habita el concepto mismo de común y comunidad" (Derrida, *Amistad* 67).

Los tres autores trabajados comparten el haber crecido en la misma época, y vivir en su niñez los finales del segundo gobierno peronista (1952-1958), el golpe militar que lo derrocó en 1955 forzándolo a dieciocho años de exilio; y más adelante, en su juventud, la dictadura del general Juan Carlos Onganía (1966-1970), los Montoneros, la vuelta de Perón y su reelección (1973), la última dictadura militar (1976-1983) y la Guerra de las Malvinas. Únicamente Aira y Carrera vivieron en su adultez las políticas neoliberales que marcaron la década del noventa, el colapso económico y político de fines del 2001, y la difícil recuperación poscrisis. Los tres mantuvieron un vínculo cercano. Nos basta con mencionar que Aira y Carrera crecieron juntos en Pringles, un pueblo de la provincia de Buenos Aires, en los tiempos en que Aira era el poeta y Carrera el narrador. Asimismo, cada uno sostuvo una relación de amistad y de trabajo con Osvaldo Lamborghini. Carrera escribió con Lamborghini *Palacio de los aplausos (o el suelo del sentido)* en 1981; y Aira está actualmente al cuidado de la recolección y la publicación póstuma de la obra de Lamborghini, que fue publicada muy escasamente en vida del autor.

Por último, como si se tratara de una tradición literaria que se constituye en sus predecesores, Lamborghini, Aira y Carrera resignifican sus puntos de contacto con cierta tendencia de la producción literaria y los fenómenos culturales de la poscrisis de 2001, de los cuales son emblema la literatura de Washington Cucurto y la editorial Eloísa Cartonera. A su vez, esta tendencia encuentra legitimación y valor literario en la configuración cultural recortada por la literatura de los tres autores trabajados. Asimismo, ambas están en resonancia con la fractura provocada por el colapso económico, social y político de 2001, en "la base donde se apoya lo que se sabe, lo que se articula tranquilamente como un pequeño amo, como *yo*, como quien sabe un montón" (Lacan, *El reverso* 17).

En otras palabras, la literatura trabajada y los fenómenos culturales de la poscrisis abren el espacio en el cual, ocasionalmente, el discurso del amo se estropea: "se trata de la irrupción de toda la fase de lapsus y tropiezos en los que se revela el inconsciente" (17). Literatura y libros cartoneros abren el espacio a través del cual se infiltra una extrañeza inquietante en la narrativa fragmentada y generalizada que sostiene la hegemonía cultural y económica asociada a hábitos de pensamiento y de acción que reproducen la xenofobia política, el racismo y el sexismo de una sociedad jerárquicamente organizada. En suma, la producción cultural analizada en las siguientes páginas rescata aquello de lo cual la crítica moderna de la ideología se había desprendido: el saber que guarda la infancia y las poderosas tradiciones de la risa como resistencia ante el cinismo de la ideología contemporánea.

Capítulo 1

La idea siniestra en la literatura
de César Aira²

El salto fuera de la mimesis no supone en absoluto
el rechazo de la figuración. Y su momento inaugural
a menudo se ha denominado realismo, lo cual no
significa en modo alguno una valorización de la
semejanza, sino la destrucción de los marcos en los
que funcionaba.
—Jacques Rancière, *La División de lo sensible.*
Estética y política.

¿Quién no se ha preguntado, con un desaliento
que supera todas las fuerzas que uno podría llegar
a reunir, cuántas iniciativas tomar, cuántos gestos
hacer y palabras decir, cuántos laberintos recorrer
para llegar al momento en que al fin empiece a
suceder la realidad?
—César Aira, *El congreso de Literatura.*

En una de sus novelas, *Fragmento de un diario en los Alpes*, Aira
reflexiona sobre su propio proceso de escritura de la siguiente manera:

Todos mis colegas novelistas que venden y ganan premios escriben novelas
como la primera parte de este argumento que esbocé, sólo la primera parte: un
exiliado con sus angustias, sus cambios de suerte, sus afectos, los problemas de
adaptación, el contexto histórico. En cambio para mí ese no es un argumento,
no me sirve; no puedo empezar hasta no tener una "idea", en este caso la idea
bastante absurda y engorrosa, que echa a perder todo el realismo, de hacer
que mi protagonista parta al exilio cargando sus enormes estatuas de mármol
o bronce. (23)

Esta "idea" absurda y engorrosa, que el autor deja caer al comienzo del
relato como a quien se le escapa una tontería infantil sin importancia, es

² Parte de este capítulo fue publicado en el artículo "Restos de la ideología: la idea siniestra en la
literatura de César Aira" (149-169).

central en su estilo narrativo. La misma implica un quiebre en los hábitos de pensamiento que introduce una extrañeza inquietante en las maneras habituales de percibir y juzgar la realidad que involucra; la construcción de sentido del relato bordea este quiebre, esta falla lógica carente de explicación.

En la construcción de esta "idea", Aira se sirve del campo de lo cómico, de lo irrisorio, combinado con cierta inocencia sospechosa asociada a la infancia, para hacer tambalear el principio de realidad. Si bien no responde a un intento de asemejarse a la realidad ni mantener el pacto de verosimilitud con el lector, tampoco atañe a la emergencia fulminante de una imagen o una palabra que encarnan un gesto repentino vaciado de sentido y de historia. Por ende, esta "idea" es una figura esencial para la exploración de la compleja relación que propone la literatura de Aira, tanto con la experimentación formal y el rechazo de la representación, emblemático de las vanguardias europeas de principios de siglo veinte, como del realismo, clásicamente entendido como la valoración de la semejanza con la realidad.

Como lo expone Aira, casi literalmente en la cita anterior, el personaje que encarna la idea, absurda y engorrosa, es un extranjero que parte cargando sus pesados bultos y no acaba nunca de llegar. "[E]n lugar de simplemente 'naturalizarse', su llegada no cesa: él sigue llegando y ella no deja de ser en algún aspecto una intrusión: es decir, carece de derecho y de familiaridad, de acostumbramiento" (Jean-Luc Nancy 12); transforma al texto en un intruso de la realidad que visita. Por introducir una extrañeza inquietante en la realidad conocida y familiar, y en alusión al texto freudiano "Lo ominoso" (1919), denominaré a esta "idea", idea siniestra. Al igual que el extranjero, la idea siniestra repara en aspectos naturalizados de la realidad cotidiana que comúnmente pasamos por alto, o en aspectos de la subjetividad de nuestra época que no reconocemos como propios; "[e]n vez de producir una molestia, es una perturbación en la intimidad" (Nancy, "Las cuentas" 12). A partir de su composición bizarra y engorrosa, que no se adapta a los códigos culturales ni a las costumbres, la idea siniestra hace visibles las incongruencias y los absurdos de la realidad en la que se inscribe.

En la primera sección del capítulo sostengo que la literatura de Aira redefine el realismo, clásicamente entendido como valorización de la semejanza, pero también a la vanguardia, clásicamente entendida como rechazo de toda figuración en un gesto que se vacía de historia. La idea siniestra es un elemento esencial a esta tensión; articula la experimentación formal, característica de la vanguardia histórica, y sus diferentes tradiciones, con temáticas heredadas de la tradición realista como la violencia, la pobreza y las relaciones de dominio y sometimiento. Analizo la constitución de la idea siniestra en *La Villa, Las noches de Flores* y *El tilo*.

En la segunda sección del capítulo analizo textos de Aira en los cuales establece un diálogo con el realismo clásico del siglo diecinueve, al hacer mención directa a Balzac, y con el realismo literario del siglo veinte, al referirse directamente a Georg Lukács. Entre ellos se encuentran textos ensayísticos como "La innovación" y "Lo incomprensible", y las novelas *Fragmento de diario en los Alpes* y *Duchamp en México*. Me detengo en dos aspectos destacados en las observaciones de Aira: la representación como referente de la escritura de Balzac, y la relación literatura-ideología-realidad en las teorizaciones de Lukács. Asimismo, las críticas de Bertolt Brecht al realismo lukacsiano contribuyen a trazar el marco de la tensión que sostiene la experimentación formal airiana con el realismo, y a introducir las diferentes concepciones sobre la ideología como factor determinante al pensar la relación literatura-realidad.

En la tercera sección realizo una lectura en detalle de *Los dos payasos*, una de las novelas más cortas de Aira. Trabajo la misma como emblema de la narrativa de Aira, donde lo que se presenta como superficialidad vana, mera ideología, pone en juego las tensiones de una relación de dominio y sometimiento en torno a la escritura. En clave paródica su argumento, cómico e infantil, propone que la distorsión de la representación habilita la escenificación de la fantasía ideológica en torno a la escritura que reproduce las relaciones de dominio y sometimiento de la realidad social; pero, a su vez, destaca la imposibilidad de una sutura que asegure la inamovilidad de ambas posiciones. En otras palabras, el relato hace visibles los sutiles mecanismos de apropiación del amo sobre el saber del esclavo pero, a su vez, hace visible la debilidad de la función del amo donde menos se la espera.

ENTRE EL REALISMO Y LA VANGUARDIA, LA EXTRAÑEZA INQUIETANTE DE
LA IDEA SINIESTRA

El escritor argentino Martín Kohan abre el coloquio en la Universidad
de Grenoble, dedicado a la literatura de Aira, con la siguiente observación:

> la escritura de César Aira, y su perfil de escritor no menos que su escritura, han
> venido desacomodando los parámetros de lectura que imperaban en la literatura
> argentina. Durante bastante tiempo no se supo qué hacer con él, cómo hacer
> con él. Hubo que reacomodarse, hubo que inventar por completo el lugar desde
> donde convenía leer su obra. (79)

La narrativa de Aira es una disrupción en el campo de la literatura
argentina que desacomoda los parámetros de lectura preponderantes.
Como primer escalón del análisis, a grandes rasgos, su estilo narrativo
incluye la intersección de técnicas vanguardistas que apuestan a la ruptura,
la fragmentación y la discontinuidad del relato. Asimismo, éste parte
de duros núcleos de la realidad argentina contemporánea al quebrar la
autorreferencialidad y crear un lazo con lo extraliterario. Del mismo
modo, en su narrativa prima el lenguaje sencillo y cotidiano asociado al
realismo, pero irrumpen barroquismos, sintaxis intrincadas y frases oscuras
generalmente asociadas a la vanguardia. Sin duda, su obra ha incitado una
respuesta activa de la crítica literaria que intentando darle explicación se
ve invitada a repensar y reinventar sus propios parámetros críticos.

En lo referente a la figura del autor, lo principal es su política
editorial. El grupo de editoriales en que ha publicado Aira disloca los
parámetros de interpretación de su obra en tanto producto de una cultura
local, global, elitista o masiva. Es uno de los autores más prolíferos de la
literatura argentina contemporánea, con más de sesenta títulos publicados
en pequeñas editoriales locales como Mate, Mansalva, Ediciones el
Broche y Bajo la luna nueva, pero también en empresas editoriales
multinacionales como Emecé, Alfaguara y Mondadori, a las que se suman
editoriales artesanales como Eloísa Cartonera. Sin embargo, se destaca
la asiduidad con la que publica desde sus comienzos con la editorial

independiente rosarina Beatriz Viterbo.[3] Las opiniones encontradas que este comportamiento editorial provoca en la crítica se reflejan en una nota en la sección cultural del diario argentino *Clarín*, que define a Aira como un "escritor de culto, de esos que no llegan fácilmente al público masivo"; sin embargo, como apunta Dierdra Reber, la nota fue escrita a instancias de la distinción de Aira como uno de los "escritores del año" en España en el año 1999: "irónicamente, entonces, la ocasión misma en que Aira fue presentado como un escritor local poco reconocido marcó el comienzo de su transición al estrellado internacional" (372; traducción nuestra). Incluso el año anterior, como también señala Reber, Aira había adquirido visibilidad internacional al participar de un encuentro filosófico-literario realizado en Francia junto con otros diez invitados, entre los que figuraban: Arjun Appadurai, Gilles Deleuze, Julia Kristeva, Toni Morrison y Edward Saïd (Reber 372). De la misma manera, la temática de la literatura de Aira ha generado gran diversidad de interpretaciones.[4]

En cuanto al estilo narrativo, es a partir de *Las vueltas de César Aira*, de Sandra Contreras, que la mayoría de la crítica coincide en destacar en

---

[3] La misma, cofundada por Sandra Contreras y Adriana Astutti, comenzó en 1991 con la publicación de la trascripción de cuatro conferencias pronunciadas por Aira sobre la obra de Copi en la Universidad de Buenos Aires en 1988.

[4] Sin pretender ser exhaustiva, mencionaré algunas de las tendencias críticas más relevantes. Fernández, de Navascués, Masiello y Pollmann destacan las novelas de Aira que, ubicadas en la pampa o en la frontera, como *Ema la cautiva* o *La liebre*, enfatizan la construcción de metaficciones históricas que si bien recuperan el esqueleto de las narrativas de identidad de la literatura argentina del XIX transforman en clave paródica la tradición y la genealogía histórica. Por otro lado, Capano enfatiza mayormente la conexión con la novela histórica, y Daszuk la conexión con la tradición literaria abocada a la construcción de una identidad nacional. Montaldo enfatiza la capacidad de fabular y el vínculo con la 'literatura de aventuras' como contrapunto borgeano. Fernandez y Peñate Rivero elaboran la conexión con las novelas de viaje –*La liebre*, *El vestido rosa* y *Ema la Cautiva*. Laddaga analiza el estilo de escritura, el papel de la insignificancia y la miniatura en *La mendiga*. O'Connor enfatiza en la potencialidad de la autoficción como aporte renovador para los estudios de género y para los *queer studies* o la literatura homosexual en *Cómo me hice monja*. Astutti analiza el retorno a la infancia en relación con la afirmación de la potencia de la ficción. Barenfeld analiza los vínculos con el realismo como construcción ficcional y las relaciones de la literatura con lo real. Reber realiza un aporte a la crítica de la cultura neoliberal de la mercancía a través de los *insights* sobre el clima cultural actual en *El congreso de literatura* y *Un sueño realizado*. Por último, en una aproximación a la obra de Aira en su conjunto se encuentran: García, que trabaja con las novelas como entradas de una enciclopedia filosófica, y Contreras, que analiza las obras como manifestaciones de un proyecto estético en compleja relación con las vanguardias artísticas de principios del siglo XX.

Aira el cambio brusco de temáticas, la mezcla de géneros y la ausencia de edición. Asimismo, es a partir de *Las vueltas de César Aira* que la mayoría de la crítica coincide en destacar la relación de la obra del autor con las vanguardias europeas de principio de siglo veinte, especialmente con el surrealismo. Esta relación se sustenta en varios puntos: uno de ellos es el énfasis que la escritura de Aira pone en el continuo del proceso, evitando revisiones y correcciones, y habilitando cierta imperfección en pos de la invención. Contreras alude al término vanguardia para referir a un estilo de escritura que prioriza la experimentación formal y el quiebre con las formas estipuladas para lo literario.

Por otro lado, la autora señala que su literatura tampoco se inscribe en la tradición vanguardista argentina, sin diferenciarse sustantivamente de sus distintas vertientes:

> La vanguardia de Aira no es ni la de Manuel Puig, ni la de la vanguardia estética y política de los años 70, ni la de las estéticas de la negatividad de la primera mitad de los 80, ni la experimentación pop con los géneros menores y las formas del mal gusto, ni la estética de la trasgresión impregnada de los saberes psicoanalíticos, teóricos literarios y teóricos políticos de los 70 (Freud, Marx, Bataille, Artaud, Tel Quel), ni la ficción macedoniana de Ricardo Piglia, ni la negatividad adorniana de Juan José Saer; sino: surrealismo, Duchamp, Roussel. Es decir que, a la vez que impulsa una vuelta a las vanguardias, Aira opera un cambio en la biblioteca vanguardista de la novela argentina contemporánea. (14)[5]

A continuación me detengo en la idea siniestra, un aspecto singular de la escritura de Aira esencial a la relación de la misma con el realismo y con la vanguardia. La misma se sitúa en la mutua exclusión del relato con la explicación; pero si bien rompe con la lógica de las conexiones explicativas, no conduce a la desintegración de la narrativa sino que marca el principio del relato e impulsa la producción de sentido. Refiriéndose al estudio de Walter Benjamín sobre Leskov, Aira señala que en la civilización

---

[5] Marcel Duchamp (1910-1949), de origen francés y radicado posteriormente en Estados Unidos, fue artista plástico y se destacó por poner en cuestión el estatuto del objeto de arte y los límites que definen lo artístico. Sus más fuertes tendencias fueron el cubismo y el futurismo. Por su parte, Albert Roussel (1869-1937) es un compositor francés de los más aclamados y los menos entendidos en el siglo XX.

contemporánea el lugar del relato ha sido paulatinamente usurpado por la información: "La información es el relato explicado, con la explicación inmanente (por contextualización, verosimilización, etc.). El relato en sí, al que nos hemos desacostumbrado, está químicamente libre de explicación" (*Copi* 17). Para Aira, el relato es siempre de algo inexplicable, algo que provoca una suspensión, un impasse, en los hábitos de pensamiento y de acción. Es así que el arte de la narración decae cada vez que incorpora la explicación. Sin embargo, esta ausencia de explicación, esta ruptura en el encadenamiento racional de la historia, no conduce a reducir el arte a un gesto vaciado de sentido, espontáneo y libre de determinaciones culturales. Aira sostiene refiriéndose a Copi que "la falta de relato, la emergencia desnuda y fulminante de la imagen o la realidad, lo asquea. El arte no es instantáneo" (*Copi* 14).

En la misma línea de pensamiento, Aira destaca la tensa relación que Copi mantenía con el *happening* que se proponía como vanguardia artística de los años sesenta en la Argentina.[6] Puntualiza que al ser interrogado al respecto Copi responde: "Me han vinculado con el *happening*. El *happening* es algo que me hace sudar frío. Es como si alguien entrara aquí y meara en la botella. Es odioso y vacío de historia. El happening es lo que no sucede" (Aira, *Copi* 14). Igualmente, Aira afirma en otro de sus textos que "el hecho suelto, por real que haya sido, siempre va a quedar aislado de la vida en que sucedió, una verdadera fantasía ociosa, y hasta disparatada, sin pies ni cabeza" (*Duchamp en México* 22). Para Aira, al igual que para Copi, "antes de la emergencia de cualquier resultado artístico debe haber un relato como procedimiento", porque lo que sucede es siempre una historia (*Copi* 25). El absurdo pleno sólo puede ser retroactivo "respecto de

---

[6] Ana Longoni, en la introducción al libro de Oscar Masotta, *Revolución en el Arte*, propone una compleja relación ente el *happening*, el *pop-art* y el arte de los medios en la década del sesenta en la Argentina. La autora afirma que el espíritu innovador del *happening* había sido ampliar la noción de arte, provocar la participación del espectador como creador, y trastocar los códigos y los espacios instituidos para la circulación de la obra de arte. Pero el *boom* que adquirieron los *happenings* en los medios de comunicación masiva impuso un sentido trivializado, y ganó finalmente terreno una versión frívola de éste (69). Sin embargo, Longoni define al *happening* como "una peculiar forma de arte de acción consistente en el señalamiento de situaciones callejeras, esculturas vivas, personas en diversas situaciones cotidianas que el artista encierra en un círculo de tiza, firma y declara obras de arte, situación que registra mediante la fotografía" (58).

lo que se sucede después, en cambio, lo absurdo es un antecedente como cualquier otro. Por eso el absurdo no puede prolongarse mucho en un mismo relato: porque crea un mundo, como lo crea todo" (Aira, *Copi* 24). La idea siniestra es un recurso contra la envoltura de la explicación, que si bien rompe con el verosímil no deviene en un rechazo de la figuración ni implica un corte radical con la referencialidad. La misma es una característica singular de la literatura de Aira, a través de la cual el relato se inscribe en duros núcleos de la realidad argentina. En concordancia, sus personajes son generalmente miembros típicos de la clase media de barrio o de ciudad pequeña. Como propone Reinaldo Laddaga, "[n]o hay personaje en Aira, no importa cuán fantástico, que no pertenezca a este universo o deje de estar recorrido por las informaciones que lo estructuran" ("Una literatura" 39).

Sin embargo, a pesar de estar inmersa en la realidad cotidiana citadina, la idea siniestra enfrenta al lector a sencillamente abrir los ojos ante la evidencia de que nada es más disparatado que ciertos aspectos naturalizados de dicha realidad. En *La Liebre,* el narrador nos dice acerca del personaje principal que predominaba en su fuero interno una vaga vergüenza de las cosas improbables que había presenciado y aceptado:

> patos grandes como personas, degollaciones impromptu, una columna de guerreros jineteando las profundidades de la tierra, un doble que se le aparecía a la medianoche [...] filosofaba, se acostumbra a todo [...] porque ha empezado por acostumbrarse a tomar por real la realidad. (208)

El personaje comete un error al acostumbrarse a todo, desde patos del tamaño de una persona hasta degollaciones; el mismo error que comete al tomar por real la realidad. Aira define explícitamente a lo real como una dimensión heterogénea radical: "es la experiencia irreducible al pensamiento, lo previo, lo inevitable y a la vez lo inalcanzable" ("La innovación" 22). Uno de los *leitmotivs* de la obra de Aira es la relación entre la ficción y la realidad, donde paradójicamente "la realidad [...] se hace real, muy real, demasiado real" (Aira, *El llanto* 73). Momento en el cual "todo el mundo se hace real, sufre la más radical de las transformaciones: el mundo se vuelve mundo" (*La prueba* 63). De esta manera, la idea siniestra apunta a recordarnos que si bien lo real y la realidad tienen puntos de contacto, no admiten sutura. Siempre hay un resto que se escapa, un exceso que desborda cualquier explicación acabada de la realidad y que, repentinamente, la torna incongruente y engorrosa, y abre paso para el advenimiento de lo siniestro freudiano.

Como desarrollé en la introducción general, el concepto freudiano de lo siniestro o lo ominoso, *das unheimlich*, nos remite a la presencia de lo ajeno, lo desconocido y lo amenazante en el seno de lo conocido y lo familiar; "es aquella variedad de lo terrorífico que se remonta a lo consabido de antiguo" (Freud 220). En los siguientes párrafos analizo tres novelas en las que Aira, a través del talante que nos instila, de las expectativas que excita en nosotros, puede desviar nuestros procesos de sentimiento abriendo paso a lo destinado a permanecer oculto a la vista de todos, a lo terrorífico que se remonta a lo consabido de antiguo.

En *Las noches de Flores*, Aldo y Rosita son dos ancianos jubilados que intentan sobrevivir con su modesta renta a las dificultades económicas provocadas por la crisis de fines de 2001 en la Argentina. El elemento extraño que completa la idea es que para lograrlo trabajan por las noches en un reparto de pizza nocturno, y como si esto fuera poco, al no disponer de vehículo los dos viejos realizan el reparto de pizza a pie. La narración no enfatiza en lo engorroso de la situación, en lo humillante o esforzado que podía ser el trabajo para los dos viejos. Tampoco enfatiza en el deterioro de las jubilaciones ni en la precariedad del trabajo que alcanza su punto máximo durante la crisis. Por el contrario, esta idea deviene siniestra al subrayar la naturalización de la pobreza; aún más, el cinismo con el que el narrador afirma: "No se propusieron ser originales: el empleo surgió un poco por casualidad, por conocimiento con el joven encargado de la pizzería" (Aira, *Las noches* 7). La idea siniestra, más allá de denunciar la realidad social en la que se inscribe, destaca el discurso en el que la misma se naturaliza. En este caso, el deterioro de las condiciones de vida de la tercera edad en los sectores más humildes es del orden de lo terrorífico consabido de antiguo, pero pasado por alto y hasta desestimado en un discurso cínico que sostiene de forma irrisoria: "sin nada que hacer, habría sido asombroso que no buscaran alguna ocupación con la que complementar su modesta renta" (Aira, *Las noches* 7). La sátira es el mecanismo mediante el cual el narrador nos enfrenta con lo oculto a la vista de todos, al introducir una extrañeza inquietante en nuestros hábitos de pensamiento, una vaga vergüenza por las cosas improbables que la sociedad argentina venía presenciando y aceptando desde los noventa en adelante.

El historiador Luis Alberto Romero, posicionado en el cambio de milenio, refiere a este mecanismo en que el empobrecimiento de la sociedad se agudiza al tiempo que se naturaliza, con las siguientes palabras: "hoy impresiona menos que hace diez años, y ha salido del temario de discusiones" (L.A. Romero 298). A lo que agrega: "la apertura de la economía, y la retirada del Estado que regulaba, asistía o participaba directamente" en la previsión y la organización social no "nos resultan hoy extrañas" (298). El autor plantea que diez años de menemismo revelan cuánto se transformó el país en el último cuarto de siglo, y propone el año 1976 –comienzo de la última dictadura militar– como una bisagra en la historia argentina a partir de la cual comienza la pauperización de la sociedad, que se agudiza en los noventa y estalla en la crisis de fines de 2001. Un dato decisivo de la situación del país hacia fines del milenio es el endeudamiento externo que crecía de manera sistemática desde 1977. Como lo expresa el cineasta argentino Pino Solanas, Argentina entra al siglo veintiuno con un veinticinco por ciento de desocupados y un sesenta por ciento de pobres e indigentes; pese a ser un país capaz de alimentar trescientos millones de personas, se morían de hambre o enfermedades curables cien personas al día ("La dignidad"). El trabajo senil podía ser una más de las tantas aberraciones a las que se acostumbraban los argentinos ante las sucesivas crisis que redundan en el marcado deterioro social a fines del milenio. En sus recorridos nocturnos, Aldo y Rosita se encuentran con familias enteras durmiendo en las calles, borrachos tirados en las esquinas y pandillas urbanas, situaciones en las que el más crudo realismo se mezcla con enanos travestidos que cuelgan de los árboles y los persiguen en sus caminatas. Sin embargo, la idea siniestra no apunta a mostrar el empobrecimiento y ahondar en sus causas sociales sino que apunta a desnaturalizarlo, a introducir una extrañeza inquietante en la familiaridad, y muchas veces el cinismo, con el que aceptamos, de hecho, la organización social que lo reproduce.

De la misma forma, Aira desliza la idea siniestra en los primeros párrafos de *La Villa*.[7] Maxi, un joven de veinte años, hijo de un comerciante acomodado de Flores, quien después de haber perdido los exámenes del secundario no tiene más ocupación que ir al gimnasio y desarrollar un físico imponente, realiza todas las tardes una peculiar actividad: ayudar a los recicladores de basura a trasladar sus cargas que luego venden a la industria recicladora como forma de sobrevivir a la crisis.

> Empezó siendo algo tan natural como aliviar a un niño, o a una mujer embarazada, de una carga que parecían no poder soportar (aunque en realidad sí podían). Al poco tiempo ya no hacía distinciones, y le daba lo mismo que fueran chicos o grandes, hombres o mujeres: de cualquier modo él era más grande, más fuerte, y además lo hacía por gusto, sin que nadie se lo pidiera. (5)

Maxi realiza una actividad fuera de lo común que podríamos calificar como insensata, incoherente y alógica dentro de una estructura social jerárquica en la cual la tendencia de las capas medias es pasar por alto, negar o desestimar las condiciones de pobreza en las que se anquilosan sus capas más bajas. Como apunta Aira al mostrar la generalización de esta tendencia, su nombre más común, *cartoneros*, hace uso de un eufemismo que enmascara las condiciones más brutales de su sobrevivencia.

> Probablemente, más que cumplir con la función de entenderse, este eufemismo evita el nombre más brutal de 'cirujas'. Porque en realidad el cartón, o el papel es sólo una de sus especialidades, entre el vidrio, las latitas, la madera. Salían a rebuscárselas y no le hacían asco a nada, ni siquiera a los restos de comida que encontraban en el fondo de las bolsas. Al fin de cuentas, bien podía ser que esos alimentos en mal estado fueran el verdadero objetivo de sus trabajos, y todo lo demás, cartón, vidrio, madera o lata, la excusa honorable. (Aira, *La Villa* 6)

El eufemismo involucra el mecanismo psíquico de la desmentida: el nombre cartoneros reconoce sus condiciones de sobrevivencia, pero

---

[7] Las villas miserias, también denominadas cinturones marginales, son asentamientos de viviendas precarias que hacia el cambio de milenio se multiplican en tamaño y ocupan lugares cada vez más visibles y centrales de la ciudad. Las viviendas son generalmente construidas con chapas, cartones y otros materiales que se reciclan de los basurales de la ciudad, tratándose en su mayoría de ocupación ilegal de terreno estatal.

al mismo tiempo las niega al pasar por alto que su objetivo no sólo es el cartón sino calmar el hambre con basura. Irónicamente, el musculoso joven realiza una actividad, mediante la cual los cartoneros sobreviven al hambre, como un ejercicio, por puro gusto, sin que nadie se lo pida. Además, él mismo carece de una explicación para su extraña actividad: "Era espontánea como un pasatiempo [...]. Nunca se le ocurrió verlo como una tarea de caridad, o solidaridad, o cristianismo, o piedad, o lo que fuera; lo hacía, y basta" (Aira, *La villa* 5).

¿Por qué no pensar que el atípico pasatiempo de Maxi es una respuesta sensata, coherente con el marcado aumento de las familias que sobreviven reciclando basuras y con el empobrecimiento de la gran mayoría de la población en la poscrisis? Si bien su actividad cobra sentido en el contexto de la poscrisis, aun así, resulta extraña, irrisoria y absurda. Es así que la idea siniestra no apunta a mostrar la realidad social de los cartoneros, ni a ahondar en las causas sociales de su existencia, sino a subrayar el cinismo con el cual como sociedad aceptamos su existencia. En otras palabras: la idea siniestra no apunta a denunciar las condiciones de vida de los cartoneros sino a trazar conexiones entre lo reconocido y lo no reconocido, lo visible y lo no visible, en los hábitos de pensamiento y de acción en los cuales se perpetúa la pobreza a nivel social. Resulta extraño que un joven de clase media tenga el hábito de ayudar a los cartoneros a trasladar sus bultos hasta la villa miseria en la que viven, pero no resulta extraño que haya gente que vive de lo que otros consideran basura. La extrañeza inquietante de la actividad de Maxi se transmite a los hábitos de pensamiento con los que percibimos, juzgamos y actuamos comúnmente frente a la pobreza. Lo extraño deja de ser la actividad del personaje con los cartoneros para pasar a ser la propia extrañeza que ésta genera en el lector. Que un joven de clase media acomodada ayude a los cartoneros como pasatiempo, ¿es cómico o trágico?, ¿es una ironía? ¿está parodiando a una clase media frívola y a-política?, o ¿a una clase media comprometida con sus razones religiosas, solidarias y benéficas? De cualquier manera, el relato introduce una extrañeza inquietante en los hábitos de pensamiento en los cuales los cartoneros se naturalizan al formar parte del paisaje bonaerense, y en los hábitos de lenguaje, como el eufemismo adoptado para nombrarlos.

En consecuencia, la idea siniestra en ambas novelas –*La villa* y *Las noches de Flores*– combina duros núcleos de la realidad social cotidiana con elementos extraños y extravagantes. Esta combinación habilita la puesta en cuestión de los hábitos sociales que conforman puntos ciegos para la subjetividad, en los cuales nos transformamos, por un lado en autómatas, y por el otro en creyentes, de hecho, en la organización social en la que se sustentan. Por ende, la sutil disrupción de la idea siniestra trae consigo un traspié en el saber sobre sí mismo y el mundo que, sin embargo, no conlleva a una desintegración del relato; por el contrario, su falta de explicación impulsa la construcción de sentido. Aunque en las novelas de Aira el sentido trastabilla sucesivamente en los giros bruscos y las transformaciones radicales características, por ejemplo, de sus desopilantes desenlaces. En *Las noches de Flores,* escritores, críticos y mafiosos terminan encontrándose en los túneles subterráneos del barrio Flores, momentos después de descubrir que Rosita es un peligroso delincuente travestido. Algo similar ocurre en el desenlace de *La Villa*, en el cual policías corruptos, predicadores, narcotraficantes, jueces y periodistas se encuentran en el centro inexistente de la villa miseria, bajo una lluvia torrencial que prácticamente inunda Buenos Aires.

En otro de sus trabajos sobre Aira, Contreras indica que "la poética de Aira postula una relación intrínseca entre una 'fidelidad absoluta a los hechos', su 'registro documental', y una deformación del relato: una incoherencia, un salvajismo formal, un carácter caótico, abigarrado" (*César Aira* 21). Para Aira la fidelidad a los hechos es un imperativo en el que todo procedimiento vale, "excepto los que tengan que ver con la creación de un efecto de verosimilitud" (21). Asimismo, la autora propone que la "vocación realista" de Aira es inseparable de la advertencia de lo raro, lo bizarro y siniestro de la realidad misma (21). Propongo que esta "vocación realista" encuentra su máxima expresión en la extrañeza inquietante que introduce la idea siniestra en su combinación de registro de duros núcleos de la realidad argentina con una deformación del relato con elementos caóticos y abigarrados que rompen el pacto de verosimilitud. La misma es una marca de lo real en la escritura: una marca del exceso que resta a la constitución de lo conocido y familiar, amenazando la sutura imaginaria en la que nos acostumbramos a tomar por real la realidad.

Trabajaremos el último ejemplo de la idea siniestra en la novela *El Tilo*. El relato comienza con la descripción de un árbol de tilo que creció desmesuradamente en la plaza de Pringles, pudiendo alojar en su tronco veinte troncos de los demás árboles. El Tilo Monstruo era "un extraño capricho de la Naturaleza", más aún, era "una aberración, pero grandiosa, con la majestad exótica de lo único e irrepetible" (*El Tilo* 6–7). La atmósfera de extrañeza marcada por el "Tilo Monstruo" abre paso en el relato a la idea siniestra en la "leyenda del Niño Peronista" (10). Se trata de un niño que, perseguido por una banda de fanáticos furiosos, se refugió en la copa del "Tilo Monstruo".

> Lo más extraño fue que esa banda era un comando de la Resistencia Peronista, encabezado por el colchonero Cianco. Una compleja serie de malentendidos los había llevado a confundir el "signo" (el positivo y el negativo) de la simbolización que transportaba el niño. (10)

Los perseguidores del Niño Peronista eran, paradójicamente, aliados del peronismo, miembros de la Resistencia Peronista, pero terminaron hachando el tronco del tilo que alojaba al niño hasta matarlos a ambos. Este pequeño relato que da apertura a la novela parece decirnos que la mejor forma de contar la historia es a través de otra historia análoga que la distorsiona, o sea: de su propia parodia satírica. Por ende, esta distorsión no implica un rechazo de la figuración o de la referencialidad sino una vía regia a la fantasía ideológica que estructura la realidad histórica. En este caso se trata de una fantasía de grandeza y totalización, expresada en una criatura, única e irrepetible, que podía alojar en su tronco veinte de los otros árboles. De forma análoga a la fábula, el peronismo nace en alianza con dos sectores sociales históricamente enfrentados en protestas y revueltas: los trabajadores y los militares. El conflicto de signos es constitutivo del peronismo. El aquelarre simbólico que constituía las filas del peronismo se expresa, por ejemplo, violentamente en la Masacre de Ezeiza.[8] Según Martín Caparrós, el peronismo

---

[8] El 25 de mayo de 1973 asumió el gobierno el presidente Héctor J. Cámpora, y el 20 de junio retornó a la Argentina, después de un prolongado exilio, Juan Domingo Perón. "Ese día, cuando se había congregado en Ezeiza una inmensa multitud, un enfrentamiento entre grupos armados

es una máquina infernal y maravillosa que consigue reproducirse a sí misma infinitamente. Cada vez que llega al poder consigue convencer a mucha gente de que ése que está en el poder no es el verdadero peronismo. El verdadero peronismo es otro. El que desde el llano ha comenzado a hacerle oposición a éste.[9]

En varias ocasiones la división y el enfrentamiento interno resultaron en la actuación de integrantes del peronismo contra su propio partido, y del partido contra su propio movimiento. El enfrentamiento interno se agudizó notoriamente en el tercer gobierno peronista, marcado por la masacre de Ezeiza como punto de partida. Perón armó su proyecto sobre tres bases: un acuerdo democrático con las fuerzas políticas, un pacto social con los grandes representantes corporativos y una conducción centralizada del movimiento. Sin embargo, como apunta L.A. Romero, "el gobierno, finalmente, resultó corroído por la formidable lucha desencadenada dentro del movimiento [...]. El pacto social funcionó mal casi desde el principio y terminó hecho añicos" (196). Como ocurre en la leyenda, peronistas y antiperonistas intercambiaban roles bajo la copa del Tilo Monstruo la noche en que "el árbol fue echado abajo en un acto irracional de odio político" (Aira, *El Tilo* 11).

La piedra de la discordia radica en que el niño peronista escoge para refugiarse el "lugar de los gorilas", por lo cual es fatalmente confundido con uno de ellos. Es así como tras haber confundido al niño con un gorila los de la Resistencia Peronista se comportaron como antiperonistas, ante lo cual el narrador irónicamente se pregunta: "Y ¿acaso a los antiperonistas no los llamaban gorilas? ¿Y los gorilas no andaban en los árboles?" (11). La figura del gorila nos remite al doble de lo humano, y por ende a la experiencia de reconocer una característica propia en algo ajeno, lejano y amenazante. La violencia de los "gorilas" irrumpe en el núcleo de lo propio, lo conocido y entrañable: los mismos peronistas se vuelven contra su partido, y el partido contra el movimiento con la violencia característica de los antiperonistas. Sin embargo, el peronismo tiende a omitir, a

---

de distintas tendencias del peronismo provocó una masacre" (Romero 195). Este episodio se transforma en emblema de la ambivalencia en los signos enviados por el peronismo a sus seguidores.

[9] Ver al respecto *Los cuatro peronismos*, de Alejandro Horowicz.

pasar por alto el papel que tuvo el enfrentamiento interno en su propia caída; como, asimismo, tiende a negar que la violencia es constitutiva de la tendencia totalizadora y totalitaria del peronismo, aquello que lo transforma en "una aberración, pero grandiosa, con la majestad exótica de lo único e irrepetible" (7).

En suma, la idea siniestra condensa duros núcleos de la historia argentina con elementos caóticos y abigarrados, como un árbol que aloja en su tronco veinte troncos de su propia especie, el asesinato de un niño por una banda de fanáticos furiosos que lo confunden con un "gorila", dos jubilados que trabajan a pie en un reparto de pizza nocturno y un joven de clase media que tiene como pasatiempo ayudar a los cartoneros a transportar sus pesadas cargas. Asimismo, se ubica en el cruce de la experimentación formal característica de la vanguardia y el abordaje de temáticas características del realismo, como la pobreza, la vejez y la xenofobia política. Esta articulación ocurre en el campo de lo cómico y lo infantil: irrisorio, irónico, torpe, incauto, inapropiado y fuera de lugar, lo que brinda al relato un aire de extranjería carente de familiaridad, un aire de intrusión que distorsiona el mundo de lo propio y conocido. Es decir que su distorsión paródica e infantil de la realidad abre el espacio para la incursión en la fantasía ideológica que reproduce la realidad igual a sí misma, y habilita la puesta en cuestión de la relación entre lo visible y lo no visible, entre lo imaginable y lo no imaginable.

En alguna de sus novelas, como ocurre en *El Tilo*, la idea siniestra se acompaña de una breve narrativa que compone la prehistoria del relato; en otras como, *Las noches de Flores* y *La Villa*, es un detalle que el autor introduce al pasar. En ambas formas es algo que no se explica, ni se entiende cabalmente, y que, sin embargo, no funciona en detrimento de la construcción narrativa, ni del lazo con la realidad extraliteraria. Por el contrario, impulsa la construcción de sentido en el relato, a la vez que señala lo raro, lo caótico y doloroso de la realidad social que involucra. En otras palabras, la idea siniestra abre el espacio para la insistencia de un exceso que pone en cuestión hábitos de pensamiento y acción en los cuales cometemos el error de tomar por real la realidad. Nos convertimos en creyentes de hecho al hacernos eco del cinismo contemporáneo que reproduce y perpetua una narrativa fragmentada y generalizada en la cual los dolorosos núcleos de la realidad cotidiana, o histórica, quedan ocultos a la vista de todos en la superficialidad del lenguaje.

EL REALISMO AIRIANO, UN SALTO A LA PLENITUD DE LO REAL

Tanto Aira como el filósofo Jacques Rancière, en su libro *La división de lo sensible. Estética y política,* coinciden en que el realismo no significa en modo alguno una valoración de la semejanza. Como trabajamos en el apartado anterior, la idea siniestra involucra una distorsión paródica e infantil de la realidad en la cual se rompe la lógica de las conexiones explicativas del relato. Y, como nos dice Aira irónicamente, esta idea "echa a perder todo el realismo" (32). Es a partir de esta idea que el relato adopta un "modo de focalización fragmentado o cercano que impone la presencia bruta en detrimento de los encadenamientos racionales de la historia", modo propuesto por Rancière como uno de los aspectos fundamentales del realismo novelesco.

Rancière considera un error pensar el salto fuera de la mimesis como un absoluto rechazo de la figuración. La línea de ruptura entre lo antiguo y lo moderno, lo representativo y lo antirrepresentativo, es una simplificación reduccionista que encuentra su punto de apoyo en el paso a la no figuración en pintura. A partir de esta simplificación se infiere y se proclama un destino general antimimético de la 'modernidad' artística. Sin embargo, cuando los vates de esta modernidad vieron los lugares de exhibición "invadidos por todo tipo de objetos, máquinas y dispositivos no identificados, comenzaron a denunciar la 'tradición de lo nuevo' una voluntad de innovación que reduciría la modernidad artística al vacío de su autoproclamación" (22). Para el autor, "el salto fuera de la mímesis no supone en absoluto el rechazo de la figuración. Y su momento inaugural a menudo se ha denominado realismo, lo cual no significa en modo alguno una valorización de la semejanza, sino la destrucción de los marcos en los que funcionaba" (22). Esta definición de realismo, como la destrucción de las estructuras en las cuales se reproduce la semejanza, abre la reflexión sobre la relación de la literatura de Aira con el realismo, al tener como eje las referencias al mismo que el autor realiza en sus textos.

En *Fragmento de un diario en los Alpes*, Aira expresa, refiriéndose a Honoré de Balzac, que el mismo

> nunca escribió sobre la realidad tal como la percibía directamente sino mediada por el arte, serio o popular, por los discursos literario, periodístico, jurídico, político, etc. Cuando describe un paisaje, está pensando en los cuadros de algún pintor y si son vistas de Paris, las ve a través de estampas o dibujos de algún ilustrador favorito [...]. Sus heroínas le deben más a los figurines de moda, o a estatuillas de porcelana, o a las ninfas pintadas en un plato, que a las mujeres reales que trataba. (27)

Balzac (1799-1850), uno de los grandes expositores del realismo literario del siglo diecinueve, entendía la literatura como un instrumento para llevar adelante su vocación por testimoniar y documentar la sociedad de su época. El realismo surge en el siglo diecinueve en oposición a los personajes y los ambientes extravagantes del romanticismo. Su énfasis en servir como documento testimonial está ligado al auge del iluminismo y la ciencia como método para conocer la realidad. Al seguir el método científico que colonizaba las ciencias humanas, el realismo se proclamó como fuente empírica de conocimiento de la realidad, para lo cual utilizaba la descripción exhaustiva de detalles cotidianos y típicos apoyándose en la toma de notas en cuadernos de observación.

Al afirmar que Balzac nunca escribió sobre la realidad como la percibía directamente, Aira pone en cuestión el estatuto mismo de la realidad, junto con el lugar que ocupa la literatura en relación a la misma. En su lectura de Balzac, la representación deja de ser un elemento literario para extenderse en el continuo de la realidad; revistas, dibujos, figurines de moda, estatuillas, ninfas pintadas en un plato, y también los discursos periodísticos, jurídicos o políticos componen la materia prima del realismo. Aira concibe la literatura formando parte de una cadena de representaciones –cuadros, revistas de moda, dibujos, discursos periodísticos, jurídicos– en la cual no ocupa un lugar privilegiado sino un encadenamiento horizontal con las demás representaciones constitutivas de la realidad. La verticalidad de la representación literaria se disemina en una horizontalidad que invade todos los ámbitos de la realidad social. Como apunta Aira refiriéndose nuevamente a Balzac: "Hasta los argumentos, sobre todo los argumentos, los tomaba de diarios o libros, más que de la experiencia. Esta mediación no lo hace menos realista, al contrario. Habría que ver si hay otra forma de realismo posible" (*Fragmento* 27). A partir de un escritor emblemático del realismo del siglo diecinueve como Balzac, Aira torna el realismo en algo ajeno a sí mismo al destacar la infinita mediación de la representación ante la realidad. La única forma de realismo posible parte de la representación y nunca de la realidad, por lo cual no puede ser de ningún modo una valorización de la semejanza con la realidad. El descentramiento de la realidad impone asimismo un descentramiento del realismo novelesco que deviene en una más de las formas del decir con la cual se bordea lo inasible, o sea: una más de las formas de la realidad.

Igualmente, Aira persigue en la teoría sobre el realismo de Georg Lukács la relación entre literatura y realidad al cuestionar al realismo como valoración de la semejanza con la realidad.[10] En este proceso, como en su lectura de Balzac, Aira construye desarrollos que empujan fuera de sus límites la propuesta de los autores que cita, tornándola extraña a sí misma, e intrusa en su propia lógica.

En "La innovación" Aira apunta: "Lukács observa que el escritor que se coloca en la posición de puro observador del mundo y la sociedad no puede hacer verdadero realismo, sólo su simulacro" (Aira 32). Ciertamente,· Lukács sostiene que "lo que determina la verdadera calidad, el verdadero 'realismo' estético no es la técnica del reportaje o captación de los hechos tal como aparecen en la superficie" (Lukács 127). Si bien la novela de reportaje nace en oposición a la mentalidad burguesa reflejada en el psicologismo, para Lukács la contraposición entre psicologismo y novela de reportaje no puede simplificarse en una contraposición mecánica sino dialéctica. Afirma con Engels que el realismo es "la fiel reproducción de unos caracteres típicos bajo circunstancias típicas"; pero no desacredita la fantasía que exprese "la captación de la totalidad de los momentos de la realidad" (126-7).[11] Aún más, para Lukács se pueden describir hechos

---

[10] Entre 1885 y 1966 Lukács escribe varios textos que lo posicionan como el fundador de la teoría literaria marxista y del realismo del siglo XX.

[11] En el psicologismo, Lukács incluye autores realistas y naturalistas del siglo XIX como Flaubert, Jacobsen, Dostoyevsky y Huysmans, con tendencias a enfocarse en los procesos mentales o el

reales sin descubrir el sentido dialéctico y materialista de la historia, y se pueden narrar hechos ficticios que sin embargo lo pongan de relieve. En esta contradicción en el pensamiento de Lukács, Aira encuentra "una grandiosa intuición del Salto, que es anterior a la literatura y pone al escritor en el corazón de lo real" ("La innovación" 32). Como desarrollé en la sección anterior, Aira entiende lo real como "la experiencia irreducible al pensamiento, lo previo, lo inevitable y a la vez lo inalcanzable", con lo cual enfrenta al realismo a una heterogeneidad radical que no acepta cobertura lógica que la explique ("La innovación" 22).

Para Aira, "el verdadero realismo lo hace el que está en la realidad, participando de ella. Es esta posición la que le permite hacer (aun en contra de sus ideas políticas o filosóficas) un realismo en proceso, contiguo a la realidad, en el que las pertinencias de la materia se jerarquicen y organicen como en la realidad misma" (Aira, "La innovación" 32). Aira podría estar refiriéndose en esta cita a las observaciones de Marx sobre Balzac, un escritor políticamente conservador, que sin advertirlo representó a sus enemigos políticos, los sublevados republicanos, "como los únicos héroes auténticos de su época" (Lukács 226). Ejemplo utilizado por Lukács para sostener que pueden existir escritores auténticos que conscientemente asuman compromisos de clase antagónicos a los que asume su obra. Balzac, reaccionario desde el punto de vista del militante comunista, creó una obra que captó la totalidad de los procesos de la realidad. Al respecto, Lukács admite otra contradicción, y es "que la mayoría de los representantes de la novela de reportaje y en especial sus fundadores eran pequeño-burgueses opuestos al capitalismo, pero no eran revolucionarios proletarios" (Lukács 27).

En la misma línea de pensamiento que Lukács, Aira afirma que "la participación en lo real no tiene como requisito imprescindible ocupar puestos públicos, hacer política, negocios, viajar, casarse, nada de eso, sino la insistencia en una obstinada palabra: realismo" (Aira, "La innovación" 32). La participación en la realidad implica renunciar a una posición ilustrada de observador del mundo y de la sociedad como un pequeño amo que sabe, que construye conocimiento y, en el mejor de los casos, ciencia.

---

mundo interno de sus personajes (Ludz 122).

El lugar de enunciación del escritor es el de un sujeto fragmentado, ajeno a sí mismo, como lo propone Marx, y lo retoma Lukács respecto de Balzac. El escritor realista es un sujeto ignorante de lo que intenta conocer, en falta de saber, que se asume como perteneciente y participante del equívoco que intenta desterrar. Es desde esta posición que el escritor puede hacer visible la subjetividad de toda una época al poner en cuestión el mundo de lo propio y de lo conocido.

Este salto a la plenitud de lo real implica para Aira una distorsión de la representación de la realidad a través de lo cómico y lo infantil. Esta distorsión incursiona en una estructura de mito en la que se cruzan lo individual y lo colectivo en la conformación del sujeto; es una intrusión en el entramado de creencias, fantasías y goces que marcan la subjetividad de una época. La literatura es vía regia a este entramado que compone la otra materialidad de la Historia de relaciones de dominio y sometimiento; una materialidad que tiende a permanecer intacta a lo largo del tiempo, en diferentes regímenes políticos y económicos. Aira destaca, en su lectura de Lukács, que el fin de la literatura no es la verosimilitud con el mundo o la realidad social a la manera del fresco realista en pintura. El verdadero realismo pone en cuestión las estructuras en las que funciona la semejanza, allí donde la realidad se reproduce igual a sí misma.

Sin embargo, el realismo lukacsiano se compone asimismo de un férreo intento por normativizar la heterogénea producción literaria de su época. Como afirma Ronald Taylor, la meta de muchos de sus escritos sobre literatura era erradicar los legados del expresionismo en la literatura alemana. Como expone Taylor, en su publicación *Erzahlen oder Beschreiben?*, Lukács asienta las categorías cardinales y los principios de la doctrina del realismo literario: la reiterada antítesis entre naturalismo y realismo, la presencia del personaje típico como nexo entre lo social y lo individual, el rechazo de la técnica del reportaje y del psicologismo, la distinción entre la descripción pasiva y la narración activa, y la exaltación de Balzac y Tolstoy como modelos clásicos para la novela contemporánea (61). Aquellos artistas que ignoraran o contravinieran estas normas reguladoras de la creación literaria eran insistentemente acusados de "formalismo" por Lukács, lo que lo lleva a rechazar gran parte de la producción literaria de su época: James Joyce, William Faulkner e incluso autores marxistas como Bertolt Brecht.[12] El recurso teatral innovador más conocido de Brecht es la técnica del distanciamiento, emparentada con el extrañamiento de los formalistas rusos. Mediante la misma generaba situaciones extrañas y hasta insólitas apostando a una ruptura con el pacto de verosimilitud. La finalidad era evitar la identificación pasiva del espectador con su propia realidad representada en la obra. Este quiebre apuntaba a una desnaturalización del universo conocido y familiar que se representaba en la escena.

Por su parte, el modelo de escritura que Lukács implantó rechazaba el expresionismo y las vanguardias, desacreditaba géneros como la poesía y el teatro, restringiendo la innovación expresiva y la experimentación formal. Brecht encontraba en las restricciones de Lukács, paradójicamente, lo que estas mismas se abocan a eliminar de la literatura: un exceso de formalismo que las aleja del realismo. Ante la normativa de adopción de Balzac y Tolstoy como modelos de escritura replica que "el realismo no es una mera cuestión de forma. Si fuéramos a copiar el estilo de estos realistas, no seríamos realistas" (Brecht 82; traducción nuestra). Considera que en el realismo lukacsiano hay un formalismo acérrimo que lo aleja de la realidad y vacía la obra de contenido.

---

[12] Como señala Taylor, Lukács fue oficial y militante de la Internacional Comunista casi por veinte años, mientras que la participación del dramaturgo alemán Bertolt Brecht fue relativa y no como miembro formal del partido (61). Lukács, instalado en la URRS, ganaba cada vez más autoridad oficial después del derrocamiento de los nazis en Alemania y de la transformación de la Tercera Internacional en el Frente Popular de políticas de lucha en contra del fascismo. El debut de Lukács en este rol ocurre en la tercera fase del Comintern, como un contribuidor de *Linkskurve*, el órgano de la Asociación de Escritores Proletarios Revolucionarios creada por el KPD en 1928. En la década de los treinta Lukács tenía notoria influencia en los órganos oficiales de la Emigración Comunista Alemana. En la década de los treinta Brecht comenzaba a sufrir las presiones de las prescripciones estéticas determinadas por Lukács. Walter Benjamin destaca un pasaje de una conversación que sostuvo con Brecht en 1938, en Dinamarca, donde Brecht le pide consejo sobre la publicación de cuatro de sus textos en los que plantea una fuerte crítica a Lukács. Ante lo que Benjamin responde: "I told him I couldn't offer him advice. There are questions of power involved. You ought to get the opinion of someone from over there. You've got friends there, haven't you?" Ante lo cual Brecht responde: "Actually, no, I haven't. Neither have the Muscovites themselves –like the dead" (97-8). Las publicaciones de Lukács estaban poniendo a Brecht en una situación comprometida con los órganos oficiales de control contra el fascismo.

En suma, de forma parecida a como lo hace con Balzac, Aira empuja los límites del realismo lukacsiano fuera de sí mismos. En el pensamiento lukacsiano interfieren dos grandes vertientes conceptuales de la ideología. Por un lado, al seguir a Marx y Engels, Lukács afirma que "existe una sola ciencia uniforme: la ciencia de la historia que concibe el desarrollo de la naturaleza, la sociedad, el pensar, etcétera, como un proceso histórico uniforme", exento de pensamiento ideológico, ilusorio o distorsionado (Lukács 205). En esta ciencia las buenas obras literarias son resultado de "la captación del sentido de la historia" (Lukács 115), y deben encontrarse libres de pensamiento ideológico, ilusorio o distorsionado, para lo cual se dictan ciertos parámetros y normativas formales. Por otro lado, Lukács condena en el naturalismo la relación diádica y directa entre literatura y realidad, haciendo uso de la concepción más abierta de la noción de mimesis, que supone la aproximación del entendimiento humano al objeto no como acto simple sino como un acto selectivo, de modificación al mismo tiempo que de apropiación. La ideología no es entendida aquí como una distorsión de la percepción ni como un error de comprensión sino como parte esencial de la relación entre el signo y el referente: un discurso tercero que constituye la realidad. Esta última es la vertiente que enfatiza Aira en el realismo lukacsiano, en la cual la literatura forma parte de una cadena de representaciones –cuadros, revistas de moda, dibujos, discursos periodísticos, jurídicos– sin ocupar un lugar privilegiado, en una continuidad horizontal que atañe a todos los órdenes de la realidad. En este marco, el escritor no es un observador del mundo o de la sociedad sino que forma parte de misma realidad sobre la que se enuncia, como sujeto en falta de saber que pone en cuestión los códigos culturales y las costumbres en las que se inscribe. Él mismo deviene un intruso en todo aquello que afirmamos con certeza como el mundo de lo propio y lo conocido. En su literatura los hábitos de pensamiento más comunes se tornan extraños, bizarros e inquietantes. De esta forma, la literatura se inscribe allí donde no es posible legislar de forma absoluta sobre la creación literaria ni desterrar lo que ésta tiene de ambiguo, de confuso, de incomprensible, de extraño y amenazante para un orden socio-económico y cultural establecido.

"¿CUÁNDO ACABARÁ ESTA PAYASADA?"

En esta sección trabajo con *Los dos payasos*, una de las novela más cortas de Aira, una fábula en clave paródica que mezcla el universo infantil y cómico del circo y los payasos con relaciones de dominio y sometimiento que rigen la semejanza en la escritura, y con la semejanza en la escritura que perpetúa las relaciones de dominio y sometimiento en la realidad extraliteraria. Los dos payasos ponen en escena "aquel viejo chiste ya saben cuál. Viejo como el mundo, o como el circo, la carta que se devora a sí misma" (Aira, *Los dos payasos* 21-22). El relato se concentra en el entreacto de una función de circo en la que dos payasos ocupan la escena. En esta ocasión se trata de los minutos previos al espectáculo del gran final, mientras se levantan las rejas que formarán la jaula de los leones y demás bestias. El aspecto físico de los payasos nos introduce en la relación de asimetría que entablan, también vieja como el circo. El gordo Balón, "corpulento, panzón, culón, la cabeza y las manos pequeñitas, los hombros caídos, camina bailoteando, con aire seguro de sí mismo, como si fuera el dueño del circo" (12). El otro, flaco y desgarbado, es entrado a intempestivos puntapiés por el gordo, a los gritos, como suele suceder con los payasos. El público empieza a reírse de ellos. "Lo cómico está en estos puntapiés intempestivos, que nada explican, pero también en lo sorprendente de la relación amo-esclavo en la que aparecen, cuando de los payasos uno tiende a esperar un trato más igualitario" (13).

El núcleo del entreacto es el siguiente: el gordo Balón, cruel y nalgudo, le dicta al pibe flaco y desgarbado una carta de amor en ocasión del cumpleaños de Beba, su enamorada. La carta se acompaña de unas cuantas salchichas y de un licorcito de pera para homenajear a Beba. El gordo deposita las salchichas y el licor en la mesa en la que el flaco se dispone a escribir diciendo: "—Se las dejo en la mesa para que se inspire" (23). El flaco no necesita inspiración, sólo tiene que seguir el dictado al pie de la letra. El gordo entrecierra los ojos, camina en círculos con las manos cruzadas en la espalda y busca inspiración en los vértices de la carpa. El flaco saca un papel del bolsillo, lo alisa sobre la mesa, y espera lápiz en mano las primeras palabras del dictado.

Jacques Lacan trabaja, en su *Seminario El reverso del psicoanálisis,* que la función principal del discurso del amo consiste en apropiarse del saber del esclavo. El saber hacer del esclavo se encarna históricamente en las técnicas artesanales. Por ende, "se trata de extraer su esencia para que ese saber se convierta en saber de amo". El saber hacer de las técnicas artesanales está antes de saber si el saber se sabe", pero no está desprovisto del aparato que hace de él una red de lenguaje y de las más articuladas (20). El amo, desde un significante maestro (S_1), pone a trabajar al esclavo para obtener una plusvalía de la cual apropiarse. "¿Qué señala la filosofía en toda su evolución? Esto –el robo, el rapto, la sustracción del saber a la esclavitud por la operación del amo" (20). En su desarrollo Lacan cita un episodio del *Menón,* de Platón, en el cual uno de los sabios que debatían la inconmensurabilidad de la raíz de dos decide llamar al esclavo:

> Le plantean preguntas, por supuesto preguntas de amo, y el esclavo responde a las preguntas, naturalmente, las respuestas que las preguntas dictan por sí mismas. Nos hallamos ante una forma de irrisión, es una forma de mofarse del personaje, lo asan vivo. Nos hacen ver que [...] únicamente se trata de arrebatar al esclavo su función respecto del saber. (21)

El valor del saber hacer del esclavo queda desestimado en el discurso del amo mediante preguntas que no preguntan, que por el contrario dictan la respuesta. Mediante este proceso el amo saquea la función del esclavo respecto al saber. Lacan resalta la mueca que utiliza el amo en esta apropiación; al comunicar a los demás sabios que llamará al esclavo para que los ayude a resolver el problema matemático en el que se encontraban atascados, dice burlonamente: "ya verán ustedes lo que sabe" (Lacan, *El reverso* 20). Las palabras con las que el amo reconoce el saber del esclavo son, irónica y cínicamente, un guiño de su aniquilación. Esta misma mueca aparece en *Los dos payasos,* cuando el gordo deja en la mesa del escriba las salchichas y el licorcito de pera diciéndole: "Para que se inspire" (Aira, *Los dos payasos* 23). Estas palabras funcionan como guiño de la aniquilación del saber sobre el sentido del escriba, quien a partir de ese momento estará abocado a seguir el dictado, a transcribir al papel las palabras que el otro pronuncia sin otra función sobre las mismas. Paradójicamente, esta sustracción se acompaña de un gesto que explícitamente denota lo contrario: el que dicta, posicionado como amo del sentido, invita burlonamente al escriba a tener cierta participación creativa allí donde le está vedada, en el marco de un dictado. El gordo Balón a través del dictado expropia al flaco del plus de sentido propio del lenguaje, del exceso de sentido contenido en la palabra. La sustracción de la función respecto al saber del esclavo aumenta la autoridad y el dominio del amo. Ese "plus de saber" que el amo arrebata para sí, consagra la posición del amo en una sátira en la que irrisoriamente le entrega la palabra al esclavo (Lacan, *El reverso* 17).

La dinámica de esta expropiación del saber al esclavo se entrama en "una relación primaria del saber con el goce" (Lacan, *El reverso* 17). El goce se articula en un saber que conoce todos los decursos y todas las dicotomías, en el imaginario de una totalidad mítica. Lacan propone como máxima del discurso del amo a Yahvé, el Dios judeocristiano, el cual, a diferencia de los dioses griegos, quienes debían en principio compartir su poderío, ostenta un absoluto dominio del mundo. Sin embargo, así como el saber nunca es total, la función de apropiación del amo sobre el saber del esclavo deja un resto, un sobrante, un "plus de goce" *(petit a)*, que se articula con "esta función todavía virtual llamada deseo" (Lacan, *El reverso* 18). El aniquilamiento del saber hacer del esclavo implica la sustracción de este *plus de goce*, lo cual conduce, en última instancia, a la muerte psíquica del sujeto. La función del esclavo respecto al saber: su deseo de saber y su goce en hacer, representan una amenaza para el amo, una zancadilla a todo discurso que proponga un saber totalizante adueñándose del sentido.

En *Los dos payasos* el énfasis no está puesto en el éxito del dictado; tampoco en la argucia con que el gordo sustrae del otro su función respecto al saber. El énfasis de Aira está justamente en lo que de esta sustracción queda como resto irreducible, el malentendido que funda su parcial fracaso. Ante las primeras palabras del dictado: "–Querida [...] Beba", el narrador nos advierte (26):

> 'Beba' es un nombre de mujer, pero también es el imperativo del verbo beber. En este último sentido lo toma el payaso, quien sabe por qué. Abre los ojos muy redondos, mira para todos lados, hasta dar con la botella, que tiene justo frente

a él [...] No vacila mucho, o mejor dicho no vacila nada. Le da un manotazo, la descorcha con los dientes [...] y se la empina. (Aira, *Los dos payasos* 27)

El segundo sobresalto del escriba ocurre al escuchar la primera coma del dictado. "Se congela, los ojos grandes como platos, entre las carcajadas atronadoras del público que ya anticipa lo que va a pasar" (28). Da una mirada loca alrededor, con apuro por seguir la voz del dictado, por estar pronto para recibir la próxima palabra. "La mirada se posa sobre lo único comestible que hay sobre la mesa: el rollo de salchicha [...] . Sin pensarlo más toma una [...] se la lleva a la boca y le arranca la mitad de un mordisco" (29). A partir de este momento, coma deja de ser un signo de puntuación y Beba deja de ser un nombre. Este equívoco de sentido compone la parodia en la que el gordo Balón encarna para el pibe flaco y desgarbado "un dios distante y cruel, cuyo lenguaje se transmuta en destino" (52). En otras palabras, el gordo Balón encarna la voz del amo que el flaco decodifica ardua y trabajosamente, pero sin hacer otra cosa más que fallar. Lo cómico es que el flaco lo hace de buena fe, "él se está creyendo lo que pasa, se le mezclan de buena fe los sustantivos con los verbos" (36). El flaco sigue el dictado del gordo; el problema, para el gordo, está en que lo sigue demasiado a la letra, sin reparar en el contexto que da significado a las palabras. La palabra *Beba* se encuentra en la frase precedida por el término *querida*, por lo que esperamos que refiera a un nombre propio y no al imperativo del verbo beber. A su vez, su sentido se afirma en el contexto de la carta en su totalidad, y más aún en el contexto del dictado, donde no es esperable que el escriba reciba una orden de beber. Por ende, "la única justificación de su conducta habría sido un automatismo de obediencia a lo explícito" (36).

Jacques Derrida, en el texto "Firma, evento, acontecimiento", refiere al contexto como aquello que hace posible la comunicación. Propone que al hablar sobre la comunicación se debe abordar el problema del contexto y también lo que ocurre con la escritura en relación al contexto. El horizonte de la escritura es la inteligibilidad de una verdad del sentido que permita finalmente establecer un acuerdo general. Sin embargo, "¿son las exigencias de un contexto alguna vez absolutamente determinables?" (Derrida "Firma" 349). El chiste está justamente en mostrar que las exigencias del contexto, las cuales todos los allí presentes esperan sean determinables de la comunicación entre ambos payasos, no lo son. El malentendido ocurre a pesar de que el contexto del dictado restringe el equívoco a su mínima posibilidad. Esto subraya que "un contexto no es nunca absolutamente determinable, o más bien qué no está nunca asegurada o saturada su determinación" (349). Esta falla es emblema de la zancadilla de la lógica en lo cómico. Es en esta disrupción en la determinación subjetiva que se abre la posibilidad de un reordenamiento, de una retranscripción de las huellas mnémicas que componen los hábitos de pensamiento. Esta reorganización no da por resultado ni algo completamente nuevo ni algo completamente viejo sino que problematiza ambas categorías. ¿Qué define y determina lo nuevo, y qué lo viejo?

> No importa que [el chiste] sea una cosa u otra. En su transcurso es mil veces nuevo y mil veces viejo, es eterno como el presente. Supongamos que a partir del momento en que el payasito "bebe" al oír la palabra "beba" el chiste se vuelve viejo para todos los presentes; eso no impide que empiece a ser nuevo a partir de ahí, que empiece a suceder, a desplegar sus riquezas y hacer que la vida valga la pena de ser vivida. (Aira, *Los dos payasos* 27-28)

La no saturación del contexto en la comunicación refiere a la inestabilidad del sentido como condición del lenguaje, y representa la marca de lo real en lo simbólico. Lacan plantea en el prefacio de *Los cuatro conceptos fundamentales del psicoanálisis* que lo real no se manifiesta únicamente cómo vacío sino también como repetición (xi). Si lo real es lo que no cesa de no inscribirse en lo imaginario y en lo simbólico, es a su vez lo que no cesa de retornar. En otras palabras, la unión de un significante (S_1) con otro significante (S_2) conforma una relación de conocimiento y de representación. "Sin embargo, la base donde se apoya lo que se sabe, lo que se articula tranquilamente como un pequeño amo, como *yo,* como quien sabe un montón [...] de vez en cuando se estropea. Se trata de la irrupción de toda la fase de lapsus y tropiezos en los que se revela el inconsciente" (Lacan, *El reverso* 30). El momento en el que irrumpe la risa, propone una disrupción en un orden que creemos natural, un tropiezo en lo más conocido y familiar. Esta disrupción en los hábitos de pensamiento abre la posibilidad de una zancadilla radical a la posición del amo. No golpea un amo en particular sino el lugar desde el cual el discurso del amo es proferido: una posición arraigada en una ilusión de certeza que sutura la realidad y lo real, desestimando cualquier atisbo de duda que amenace con debilitarla. La escritura de Aira parte del equívoco con el que tropieza el sujeto parlante posicionado como amo del lenguaje, del equívoco que socava el discurso maestro, de la falla en una representación estable que se sostenía con certeza. Como forma de lidiar con esta falla irreducible en el lenguaje Aira decide escribir en clave de fábula:

> después tendré que hacer la 'traducción' [...] iré 'traduciendo' sólo donde sea necesario; donde no sea así, quedarán fragmentos de Fábula en su lengua original; si bien me doy cuenta de que eso puede afectar el verosímil, creo que de todos modos es la solución preferible. (Aira, *El congreso* 14)

Mediante la fábula, Aira incluye en la escritura la corrupción del sentido y la ambigüedad propia de todo lenguaje. Como subgénero narrativo, la fábula parte de la confusión, dado que habla de algo hablando de otra cosa, o habla de algo sin hablar de ese algo. El principal problema que aborda Aira a través de la fabulación es el de la verdad de la ficción y la ficción de la verdad. Como sostiene Nicolás Rosa: "La verdad no puede ser dicha toda, sólo puede decirse a medias y transformada, la verdad sólo se dice indirectamente, y los novelistas son profundos cuando dicen que no dicen y cuando dicen la forma del no decir, no cuando dicen que dicen y lo dicen" (50). Es así que lo infantil y lo cómico juegan un papel preponderante en la construcción de las fábulas airianas; niños y cómicos son expertos en decir la verdad a medias, transformada, indirectamente. Son expertos en distorsionar la realidad, en romper el pacto de verosimilitud al crear una ficción que apunta a verdades que estructuran la realidad y, pero, permanecen ocultas a la vista de todos. En esta disrupción del verosímil con la realidad se conforma la idea siniestra, puntapié inicial de la fábula.[13]

---

[13] Podríamos pensar en clave de fábula la leyenda del Niño Peronista en *El Tilo*, o el relato sobre el joven de clase media que ayuda a los cartoneros a trasladar sus bultos en *La Villa*, o el de los viejitos que trabajan repartiendo pizza a pie en las *Noches de Flores*. Como desarrollé en la primera sección de este capítulo, el eje de estas novelas está dado por una idea de extraña constitución, a

Sin embargo, ubicar la fábula en un lugar privilegiado en las cadenas de representaciones que componen la realidad humana sería asimismo una falacia: "Hago la advertencia suplementaria de que la Fábula a su vez toma su lógica de una Fábula anterior, en otro nivel más de discurso, del mismo modo que del otro lado la historia sirve de lógica inmanente de otra historia, y así al infinito (Aira, *El congreso* 14). La fábula no escapa del problema del contexto, ni del ancla de sentido que a manera de fantasma amarra las palabras, ni del problema de la diseminación del lenguaje en la que se han metido los dos payasos. En otras palabras, aunque la escritura se dedique a las marcas de lo real: excesos, restos, equívocos, trazas, aporías, imposibles e indecibles, ésto no la exime del efecto de sentido, o sea, no la exime de la debilidad mental propia del ser parlante. Como propone Lacan en su *Seminario 22 R.S.I.*:

> En verdad, esta masa atestiguada de la debilidad mental es algo de lo que no espero, de ningún modo, salir. No veo por qué lo que yo les aportaría sería menos débil que el resto. Todo lo que 'consiste', no da de lo que 'ex-siste', ningún testimonio. Es en el efecto de escritura de lo 'Simbólico' que se sostiene el efecto de sentido, dicho de otro modo de imbecilidad, aquel del que testimonian hasta hoy todos los sistemas llamados de la naturaleza. (5)

A lo que agrega que "eso no les da ni frío ni calor –testimonia estar vivos" (5). Esta tentación a ex-sistir por fuera del efecto de sentido, es quizás la trampa más peligrosa de la imbecilidad humana. Lacan refiere a la misma como "una cáscara de banana que le deslizaron bajo los pies", al invitarlo a dar una conferencia en Niza sobre lo que denominaron el "Fenómeno Lacaniano" (5).

Los dos payasos meten al lector en esta trampa a través del viejo chiste; y sin advertirlo, al cabo de un rato, cuando casi se completa la jaula de barrotes en torno a ellos, aunque el gordo no cede en su dictado, ni el flaco en su avidez, el entreacto ha perdido toda su gracia y su frescura. El payaso flaco, ya harto de la situación, "está al borde de la indistinción, de beber las salchichas, y comer la botella" (Aira, *Los dos payasos* 41). Come con

---

la que denominé idea siniestra, y que a su vez es el hilo conductor de la creación de sentido del relato.

eructos, "como diciendo 'cuándo terminará esta condena' [...] '¿cuándo terminará esta payasada?'" (41). Ante lo cual el narrador apunta:

> lo de ellos también ha entrado en una fase automática, aunque de otro orden: no anuncia nada, va hacia la nada, la nada lo invade desde adentro. Puede ser una ilusión creada por verlos encerrados [...]. Los barrotes y la repetición coinciden en crear una impresión de alejamiento espacial y temporal [...]. Todos saben que afuera de la carpa, en el pueblo (es decir, en el mundo) la vida sigue, late, brilla. Aquí adentro es otra cosa, es distinto. Hay algo fúnebre, artificial, como de vida después de la vida. Quién sabe por qué. Quizás por ese ridículo problema de escritura en el que se han metido, tan ajeno a los problemas de verdad. La realidad persiste hagan ellos lo que hagan. (44)

Este "ridículo problema de escritura" en el que se han metido nos entrampa en la ideología justamente cuando creemos estar dando un paso fuera de ella. En el momento en que creemos haber encontrado la solución al problema de la ideología, denunciando sistemáticamente la falacia de todo efecto de sentido minado por la diseminación de la palabra y la circularidad del lenguaje, entramos en una fase automática que "no anuncia nada" que "va hacia la nada". En otras palabras, cuando creemos estar dando un paso fuera de la ideología, estamos dando un paso dentro.

Por el contrario, podríamos pensar que la única posición no ideológica es renunciar a toda realidad extra ideológica y aceptar que todo con lo que lidiamos son ficciones imaginarias en el universo simbólico de la pluralidad discursiva, nunca la realidad. Sin embargo, como señala Slavoj Žižek en *Ideología un mapa de la cuestión*, cuando denunciamos como ideológico el intento mismo de trazar una línea clara de demarcación entre la ideología y la realidad, el único camino que nos queda es la asunción de la pura ideología; pero la pura ideología, al igual que algo puro de toda ideología, nos desliza en la más peligrosa ideologización: "una solución 'posmoderna' rápida e ingeniosa como ésta es ideológica por excelencia" (26). Aunque no haya una línea clara de demarcación entre la ideología y la realidad, más aún, aunque la ideología esté siempre presente en todo lo que experimentamos como realidad, existe siempre una tensión que permite la crítica de la ideología. Para Aira esta tensión se logra únicamente fuera de la carpa, en el pueblo, donde la vida sigue, late y brilla, en lo real del vínculo con los otros. Aunque esto signifique para el escritor insistir en lo que en su lectura de Lukács define con una sola y obstinada palabra: realismo.

Aira propone dos opciones a la trampa del lenguaje en la que nos han metido los dos payasos, que como iremos desarrollando, son menos excluyentes de lo que parecen, a simple vista. Por un lado, se trata de sacar a la escritura de la carpa de circo para que participe de la realidad. Por el otro, incita a la escritura a una intuición de salto con horizonte en la plenitud de lo real. Ambas apuestan a un realismo contiguo a la realidad, aunque la literatura pague el precio de estallar el verosímil en pos de una verdad fragmentada, dicha a medias.

> El público nota con asombro que se ha producido una transformación: el payaso flaco, enclenque, que se sentó a escribir, ahora es una mole inflada y torpe. De su movilidad juvenil de pibe sólo conserva la agitación de los brazos, mucho más cortos casi como muñones de un globo. La panza y el culo le cuelgan de la silla, las piernitas son dos conos mochos que apuntan para los costados. Es un truco notable sobretodo en contraste con la precariedad técnica e intelectual de la que han venido dando prueba. Ha metabolizado con esa aceleración propia de los payasos, cada salchicha que ha comido. (Aira, *Los dos payasos* 55)

El gordo Balón no dicta únicamente una carta sino una palabra que el flaco metaboliza en su propio cuerpo. Esta distorsión de la representación que quiebra con el principio de realidad aborda el nivel más complejo de las relaciones de dominio y sometimiento, en el cual la palabra del amo se internaliza; el discurso del amo se asimila, se torna íntimo y familiar, es letra que deviene cuerpo.

El "automatismo de obediencia" que padece el payaso flaco resuena con la invisibilización de la dominación, con la argucia con la que el gordo expropia al flaco su saber sobre el sentido, pero también con la aceleración con la que éste metaboliza su palabra (36). Esta acelerada metabolización nos remite a un detalle del relato que no podemos pasar por alto: la marcada diferencia corporal entre los dos payasos al principio del relato ya no es tal hacia el final. Aira enfatiza el aspecto de globo del ex-flaco, ahora desmesuradamente gordo. El aspecto del ex-flaco se asocia con el nombre del gordo que lo entra en escena a puntapiés: "Balón". El escriba acaba asemejándose al que le dicta. Sin embargo, hay una diferencia no menor en la movilidad de ambos. Mientras el gordo Balón se desplaza por la carpa de circo, con las manos cruzadas en la espalda, concentrado, acelerando cada vez más el dictado, el ex-flaco "de su movilidad juvenil de pibe sólo conserva la agitación de los brazos", ahora es "una mole inflada y torpe" que apenas puede moverse (Aira, *Los dos payasos* 36).

"No importa cómo se lo ha logrado, el aumento de volumen cambia todo el paisaje de la persona, y debajo de la pintura colorinche se ve o se adivina a un hombre envejecido, enfermo, tenso, loco de desdicha, un condenado" (55).

En palabras de Aira, "[p]aradójicamente, lo más fantástico, lo más trucado (que alguien engorde treinta kilos en el curso de un dictado), es lo que introduce por primera vez en el sketch un toque de auténtico realismo" (55). El mismo no se define por la verosimilitud sino por la puesta en tensión de la ideología entendida como "la matriz que regula lo visible y lo no visible, lo imaginable y lo no imaginable": la transformación del payaso flaco en una mole inflada y torpe que apenas puede moverse, pero sigue escribiendo lo que le dictan, y de yapa, aunque no pueda más, y quizás porque es lo único que hace más allá del dictado, sigue comiéndose las salchichas y bebiéndose el licor de pera del amo gordo y nalgudo (Žižek 7). Esta fábula de los dos payasos de circo, en la cual se inscribe la idea siniestra de que uno de ellos suba 30 kilos de peso en su breve entreacto de circo, es una parodia, una sátira de las relaciones de dominio y sometimiento letradas de la contemporaneidad: la argucia del amo para sustraer el saber hacer del esclavo y aniquilar su goce de hacer, las equivocaciones del escriba mediante las cuales se sale del dictado pero para terminar pareciéndose al que dicta, la marcada diferencia de movilidad que persiste entre ambos, el automatismo y la artificialidad fúnebre que los invade, la desdicha, la enfermedad y la condena del escriba.

En esta última escena de la actuación de los dos payasos, la distorsión de la representación de la realidad es vía regia al cinismo de las relaciones de dominio y sometimiento contemporáneas. La distorsión infantil y cómica de la idea siniestra es reveladora por sí misma. Como propone Žižek: "Lo que emerge a través de las distorsiones de la representación fiel de la realidad es lo real; es decir, el trauma alrededor del cual se estructura la realidad social" (*Ideología* 37).

En consecuencia, el relato de una tontería superficial, de una payasada de circo, podría percibirse y juzgarse como 'mera ideología';

y sin embargo, el mismo pone en tensión aspectos de una relación de dominio y sometimiento "vieja como el mundo o como el circo", y a su vez, nueva cada vez, como un mal chiste. "Aquí nos enfrentamos a la topología paradójica en la que la superficie (la 'mera ideología') se vincula directamente a –ocupa el lugar de, representa– lo que es 'más profundo que la profundidad misma', más real que la realidad misma" (Žižek, *Ideología* 42). Todo aquello de lo cual no queremos saber, que nos empeñamos en no ver acerca de la subjetividad a la cual pertenecemos, permanece oculto, a la vista de todos, en la superficie del lenguaje. El lenguaje, materialidad sustancial de la condición humana, guarda en sí mismo la posibilidad de ocultar en el decir, pero también de decir más de lo que se pretende decir. En otras palabras, guarda la posibilidad de engañar y de engañarse pero, a la vez, de ser engañado o traicionado por la serie de equívocos, lapsus, automatismos y tropiezos propios de la estructura del lenguaje.

A través de lo cómico y lo infantil la escritura se introduce en los hábitos de pensamiento y de acción tornándolos extraños, ajenos, perturbadores y amenazantes. De esta manera, el relato visibiliza una relación de dominio y sometimiento letrada: que se reproduce y se perpetúa en la argucia con la que el amo expropia al esclavo de su función respecto al saber, y en la aceleración con la cual el esclavo metaboliza las palabras del amo. Asimismo, la idea siniestra no compete a la emergencia desnuda y fulminante de la imagen o la palabra sino que se enraíza en lo conocido y familiar de la escena de circo de estos dos payasos que deviene extraña, caótica, abigarrada y amenazante. En esto reside la diferencia fundamental de la literatura de Aira con la vanguardia, entendida como el rechazo de la figuración representativa, y con el realismo, entendido como semblanza de la realidad. En la idea siniestra se tensa la autonomía del acto literario con la indefectible dependencia del mismo con la cultura en la que se inscribe.

En este punto mi argumento discrepa de la propuesta de Luz Horne quien afirma que la literatura de Aira se caracteriza por "construir dentro del texto, una imagen fotográfica que permite quitarlo de un registro representacional y colocarlo en uno indicial" (3). La idea de "un lenguaje ostensivo y crudo" eximido de los avatares de la representación, nos deja nuevamente atrapados en la afanosa búsqueda de dar un paso afuera de la ambivalencia del lenguaje (3). Este registro indicial, fotográfico, al que se aspira, nos remite a un lenguaje sin equívoco, sin falla, un lenguaje ideal que, paradójicamente, niega y desmiente lo real de la interacción entre los sujetos. Paradójicamente, esta tendencia busca librarse de las disrupciones, las tensiones y los equívocos, producidos por las marcas de lo real en la escritura.

Sin embargo, como apunta Aira, el registro indicial, fotográfico, su sin-sentido, no puede durar mucho tiempo, porque crea un mundo como lo crea todo. No podemos habitar en la ausencia del sentido como tampoco en la estabilidad del mismo. Ambos extremos, en un intento de evadir la ideología propia del acto de lenguaje, evitan paradójicamente toda tensión que la ponga en cuestión. Que el realismo sea "un salto a la plenitud de lo real" está muy lejos de ubicar la literatura en lo real. Lo real es para Aira "la experiencia irreducible al pensamiento, lo previo, lo inevitable y a la vez lo inalcanzable" ("La innovación" 22). O sea, lo que no cesa de no inscribirse en lo simbólico y en lo imaginario y, por ende, lo que no cesa de retornar como equívoco, fractura e imposibilidad, distorsionando una y otra vez el mundo de lo propio y lo conocido, y todo discurso en el cual nos enunciamos como pequeños amos.

En esta línea de pensamiento, Aira cierra su ensayo "Lo incomprensible" y hace referencia a un episodio de la *Recherche* de Proust en el que la princesa de Luxemburgo es fatalmente confundida con una prostituta: "Pasó todo el verano, y el malentendido no se disipó, como habría hecho en el cuarto acto de un vaudeville". A lo que agrega:

> La realidad no tiene cuarto acto. El malentendido no se resuelve jamás. No se resuelve porque no es ese su destino. Para resolverlo habría que volver atrás, que rebobinar, y ya se sabe que fuera de la ficción no se vuelve al pasado. El destino del malentendido es justamente el contrario, hacer avanzar el tiempo, engendrar más malentendidos, multiplicarlos y hacerlos más eficaces, hacer de ellos verdades que sirvan para vivir y crear. (34)

En consecuencia, el salto a la plenitud de lo real al que refiere Aira no apunta a alcanzar un registro indicial o fotográfico a través de un lenguaje crudo y ostensivo que nos saque del registro representacional sino a una posición de enunciación que asuma la irreductibilidad del conflicto en el lenguaje y, desde allí, genere verdades que sirvan para vivir y para crear. Por ende, "la transformación de la realidad y la de la literatura, deben verse en simultaneidad dialéctica" (Aira, "La innovación" 32). Pero con el término dialéctica Aira no refiere a una clausura sino a la asunción del fracaso de toda clausura, y la aceptación del conflicto como condición interna de toda identidad.

En el malentendido irreducible del lenguaje tienen lugar lo cómico y lo infantil, a partir de los cuales se conforma la idea siniestra que pone en cuestión hábitos de pensamiento y de acción en los que se sostiene el cinismo de una sociedad jerárquicamente organizada. Es así como la escritura está invitada a un salto a la plenitud de lo real: a salir a de la carpa de circo y servir para que el malentendido se multiplique, se haga más eficaz y genere verdades que sirvan para vivir y crear. Obcecada en no someterse a ningún discurso maestro que la fuerce a funcionar en los marcos en los que se reproduce la semejanza, su literatura avoca en pos de que la realidad no ocupe imaginariamente el lugar de lo real, y la escritura no se transforme en un cliché de palabras vacías que terminan devorándose a sí mismas.

Capítulo 2

La risa desconcertante de la literatura de Osvaldo Lamborghini[14]

> *Lo que tiene el humor es que, a veces, deja al desnudo la propia miseria y es algo que no nos gusta ver.*
> —Diego Capusotto, *Revista Mu*.

> *La llanura de los chistes era una especie de paraíso, complicadísimo, del equívoco juguetón, sí, pero padre también de la muerte, que no entraba en la cabeza del hombre.*
> —Osvaldo Lamborghini, "La causa justa".

No hay texto de Osvaldo Lamborghini que no mueva a la risa en alguna de sus líneas; pero ésta lleva la marca de lo desconcertante, dado que la cuestión de la que se trata no es generalmente para nada graciosa sino más bien dolorosa y hasta trágica. El humor lamborghiniano se enlaza, paradójicamente, con un aire de gravedad del que nadie se atreve a reír demasiado. La risa que arranca es parecida a la risa de quien se sorprende descubierto en la mitad de algo que no se atreve a confesarse ni a sí mismo, la cual introduce una extrañeza inquietante en el Yo, que linda con la experiencia de lo siniestro freudiano: allí donde (re)conocemos en el corazón de lo íntimo y familiar la presencia de algo desconocido, ajeno y amenazante (Freud, "Lo ominoso" 225).

A partir del análisis de la novela "La causa justa", este capítulo explora el humor lamborghiniano como recurso sutil para una crítica ideológica sagaz. Mediante un humor ácido y satírico Lamborghini parodia situaciones cotidianas que suponemos libres de toda ideología, como el entredicho entre transeúntes y conductores en concurridas esquinas bonaerenses, o el partidito de fútbol dominguero entre compañeros de trabajo. Sin embargo, las mismas se ven invadidas por el

---

[14] Parte de este capítulo fue publicado por la autora en el artículo: "La violencia de Buenos Aires a través del humor de Osvaldo Lamborghini La causa justa" (523-543).

racismo, la xenofobia política y la homofobia en los que se reafirman la masculinidad y la identidad nacional. Estos aspectos son generalmente pasados por alto, o desestimados, naturalizados en las relaciones sociales en las que se inscriben. Se enmascaran en un populachero tono de chiste que habilita su reproducción en hábitos de pensamiento y de acción. La tomada de pelo, la cargada y la burla se ponen al servicio de la violencia verbal y física encarnada en el racismo, la homofobia, la xenofobia o el nacionalismo. Chistesególatras y bromas de mal gusto invaden el relato a través de personajes que se enuncian como pequeños amos que saben sobre el mundo y sobre sí mismos; pero, irrisoriamente, pisan en falso una y otra vez.

Toda la serie de torpezas, equívocos, *lapsus* y confusiones en los que tropiezan estos pequeños amos que saben, se encuentran en relación con el personaje central. Como propone Adriana Astutti, al referirse a la literatura de Lamborghini, si bien el personaje central no es un niño "tiene siempre los afectos de un menor": "el discípulo y no el maestro, el más chico de la casa, el más torpe, el más lento, el que tiene la incertidumbre como identidad: 'la vida por delante' para metamorfosearse, la vida todavía no encauzada [...] El que tiene la ambición más grande y la más fuera de lugar" (Astutti, *Andares* 188-189). Lamborghini toma prestado de la infancia la ingenuidad que lo habilita para incursionar en los puntos ciegos de su propia subjetividad y la de toda una época, y subraya la complicidad de éstos con estructuras históricas de dominación y sometimiento.

Metafóricamente, la novela destaca un "chiste que se anula a sí mismo por lo largo. Ya no se lo escucha: se habla de otra cosa" (Lamborghini, *Novelas y cuentos II* 19). La forma de escucharlo es acentuar la carcajada, transformándola en una risa desconcertante en la que hacen gala la muerte y el crimen. Esta risa desconcertante otorga al relato un tono caótico, abigarrado y extravagante que bordea un núcleo traumático de la realidad social, en el cual el humorególatra y narcisista enmascara discursividades violentas y totalitarias ocultándolas a la vista de todos. A través de esta parodia satírica, Lamborghini tensiona la matriz ideológica que regula las relaciones entre lo visible y lo invisible, entre lo imaginable y lo inimaginable.

Inédita en vida del autor, "La causa justa" fue escrita a mediados de la década del 80, y aunque casi no contiene referencias directas al contexto histórico nos remite constantemente a la subjetividad de su época. La única referencia al contexto histórico es una breve ovación a la Argentina en guerra con el Reino Unido por las Islas Malvinas; guerra llevada adelante, en el año 82, por la última dictadura militar que sufrió el país. Esta escena condensa una larga historia de dominación y cinismo en la Argentina, que en los últimos 84 años tuvo casi tantos días de dictadura como de democracia (Chanfreau 6-7).[15] A pesar de haber sido escrita casi treinta años atrás, "La causa justa" es una aguda crítica que sigue cuestionando la subjetividad contemporánea.

En la primera sección de este capítulo analizo una pequeña historia, antesala del relato, en la que Sullo, el linotipista, agoniza en su lecho de muerte rodeado por sus discípulos. En esta pequeña historia priman los chistes "abstractos o inocentes" basados en juegos con la materialidad simbólica del lenguaje. En sintonía con Sigmund Freud en *El chiste y su relación con el inconsciente*, analizo la condensación y el desplazamiento – metáfora y metonimia– como mecanismos lingüísticos esenciales al chiste, al abrir el espacio para el advenimiento de aquello que formando parte del lenguaje excede su lógica estructural: un resto que irrumpe con la risa. De esta forma, el chiste deviene un "juicio que juega" con los decursos de pensamiento que determinan nuestras formas habituales de percibir, juzgar, hacer y actuar en la realidad social (Freud 11).

La segunda sección se centra en un chiste llevado a cabo por dos personajes centrales al relato, Tokuro y Jansky, japonés y polaco. El chiste comienza al discutir cada uno en su lengua materna, completamente desconocida para el otro, en concurridas esquinas de Buenos Aires. El chiste se continúa en la reacción de los curiosos que a pesar de no entender palabra de lo que se dicen toman partido acaloradamente: gritan, insultan y amenazan de muerte. Y culmina con la llegada de los oficiales encargados de mantener el orden, con la cual se agravan, paradójicamente, la agresión verbal y los insultos xenófobos al teñirse con la amenaza de un

---

[15] "En los últimos 84 años hubo 12.814 días de dictadura y18.232 días de democracia [...] Contados al 10 de diciembre de 2003" (Chanfreau 6-7).

poder totalitario que no reconoce límites. La ley aparece violentamente desmentida en el autoritarismo de los oficiales, pero también en la coima que termina liberando a los dos chistosos, negociando con los derechos y las obligaciones fijados por la ley, y suspendidos en el golpe de Estado. En la tercera sección tiene lugar el típico partidito de fútbol dominguero entre compañeros de trabajo. La cancha es rápidamente invadida por chistes que priorizan la broma pesada, el chiste de mal gusto y la burla. A través de los mismos miden sus egos veintinueve hombres, poniendo a prueba su masculinidad. Queda subrayado un humor ególatra al servicio del narcisismo, y de la afirmación victoriosa de la invulnerabilidad del Yo sobre el otro; la agresión, la homofobia y la xenofobia se amalgaman en un populachero tono de chiste que las habilita y las perpetúa. Tokuro, el impasible japonés, intenta hacer cumplir la palabra entre tanto chiste, pero al seguir lo prescripto por La Causa Imperial –La Causa justa– él mismo culmina rodeado de muerte en la llanura del chiste. Y reaparece Sullo, el maestro agonizante, paseado en silla de ruedas por las calles de Buenos Aires.

El linotipista: niño, cómico, poeta, maestro

Lamborghini escribe "La causa justa" en 1982, momento en que Argentina atravesaba los últimos años del gobierno dictatorial (1976-1983). Sumergidos en una profunda crisis económica los argentinos apenas llegaban a avizorar las lesiones en las redes sociales, que la dictadura dejaría como legado. Me refiero a los crímenes de lesa humanidad cometidos por el Estado: asesinatos, torturas, secuestros, centros de detención clandestina y desaparecidos que, sumados a la disolución de la actividad gremial y los movimientos sociales generaron profundos quiebres en las redes sociales. Los mismos redundaron en el fortalecimiento de una organización social jerárquica basada en relaciones de dominio y sometimiento, cínicamente enmascarada bajo el lema de Orden y Progreso.

Como señala César Aira en el prólogo a *Novelas y cuentos,* "La causa justa" fue el único trabajo de ese período que Lamborghini se preocupó por dar a conocer. "No es fácil acertar con el motivo. Podría pensarse en el exilio, en la urgencia por dar a conocer este nuevo estado, maduro y conmovedor, de su visión de la Argentina" (14). En esa época Lamborghini se encontraba en Barcelona, donde moriría tres años después a los 45 años. En estos últimos años escribe, además de "La causa justa", las tres novelas que forman parte del ciclo *Tadeys* y los siete tomos del *Teatro proletario de cámara*, todos inéditos en vida del autor.

Daniel Link apunta que la escasa publicación en vida del autor refleja la controversia de su obra. Lamborghini publicó en vida sólo tres textos: el cuento *El Fiord* (1969), la novela *Sebregondi retrocede* (1973) y *Poemas* (1980), mientras que sus dos grandes poemas, "Los Tadeys" y "Die Verneinung" (La negación), aparecieron en revistas norteamericanas.[16] Los textos publicados en Argentina en vida del autor tuvieron una circulación muy restringida por varios motivos.

Por su parte, Martín Prieto propone que la circulación restringida de los textos lamborghinianos se debe, en parte, a "haberse publicado en ediciones únicas, en editoriales pequeñas o fantasmas y de tiradas reducidas" (433). Sin embargo, por estos años el público agotaba tres ediciones de *El frasquito* (1973) de Luis Gusmán, publicado el mismo año y en la misma editorial que *Sebregondi retrocede*. Asimismo, el público devoraba las dos primeras novelas de Manuel Puig, *La traición de Rita Hayworth* (1968) y *Boquitas Pintadas* (1969), lo que muestra una gran disposición a la experimentación y la avidez por nuevas tendencias.

En *Sebregondi retrocede* y en *El Fiord* se destaca "un mostruario (o mostrador) de aberraciones pornográficas" (Perlongher, "Ondas"); pero tampoco ésta es una condición decisiva para la circulación reducida, ya que como señala Néstor Perlongher, ambos textos comparten "la sexualización de la escritura" con *Nanina*, de Germán García, y *El Frasquito*, de Luis Gusmán, componiendo "un flujo escritural que llegó a nuclearse en las páginas de la revista *Literal*".[17]

---

[16] Como apunta Enrique Medina, en el año 1976 Lamborghini publica "Tadeys" –un poema de 596 versos a los que se suman prólogo y epílogo– en la revista *Dispositio*, de la Universidad de Michigan, dirigida por Walter Mignolo. Asimismo, publica en diciembre del 78 "Die Verneinung" –otro extenso poema de 956 versos– en la revista *Escandalar*, de New York, dirigida por Octavio Armand" (64).

[17] La revista *Literal* (1973-1977) fue creada por Germán García e integrada en sus distintos números por Osvaldo Lamborghini, Luis Guzmán, Lorenzo Quinteros y Jorge Quiroga; además, en ella escribieron Josefina Ludmer, Héctor Libertella, Luis Thonis y Oscar del Barco, entre

Ofelia Ros

La reducida circulación de *El Fiord* y *Sebregondi retrocede* no está dada por su experimentación formal; tampoco por su política editorial, ni por su mostruario de aberraciones pornográficas. La reducida circulación se debe a que la experimentación formal; el mostruario de aberraciones pornográficas y la política editorial convergen en un complejo abordaje agudamente crítico de la subjetividad de su época, con el cual subraya aspectos naturalizados de las prácticas sociales, hábitos de pensamiento y de acción que forman parte del paisaje bonaerense y que no solemos cuestionar. Ante ellos nos comportamos como creyentes de hecho o como autómatas arrastrados por la fuerza de la costumbre. Esta aguda crítica acompaña toda la obra de Lamborghini, aunque de diversas maneras.

BUENOS AIRES, "LA LLANURA DEL CHISTE" Y LA DESMENTIDA

El relato se abre a una transformación en la escritura en la que el chiste se aleja de la abstracción del juego de palabras, para dar paso al chiste como construcción social relacionado con variables históricas y culturales. Pero, Sullo –el linotipista, el gran cómico, el poeta–, como todo maestro, no acaba nunca de morir; agoniza subrayando incansable lo que está ya ahí, en cada texto de la realidad que visita o en el texto de algún visitante. Asimismo, el relato que comienza culmina con otra muerte, también de un ser excepcional, un extranjero, un visitante de Buenos Aires: Tokuro, el japonés "fanático de la verdad" y "demasiado impasible", que se quitó la vida con el cuchillo para asados, un instrumento no muy apto que le exigió un gran esfuerzo (Lamborghini, *Novelas y cuentos II* 21).[18]
Antes de suicidarse mató a puñetazos en la garganta, quizás demasiados, al joven Jansky, otro extranjero, un polaco compañero de

---

otros. Ricardo Zelarayán escribió el posfacio del primer número, pero no participó finalmente en la revista. La misma recoge fuertes influencias del psicoanálisis lacaniano, la lingüística postsaussuriana y el posestructuralismo de Jacques Derrida, Michel Foucault y Roland Barthes (Prieto 429).

[18] Una característica de la escritura de Lamborghini es que el narrador se diluya en los personajes dando preeminencia a una pluralidad de voces similar a la del teatro. A partir de la aparición de Tokuro la escritura se ve invadida con su forma de hablar a media lengua el español. No únicamente los diálogos en los que interviene el japonés se ven afectados sino también la voz del narrador al relatar algo pensado o hecho por Tokuro.

trabajo de Tokuro en la empresa 'Egometrix', la empresa internacional más importante con filial en el país. Después de narrar la lucha que culmina con la muerte de ambos, Lamborghini relata otra pequeña historia que la antecede en el tiempo. En la misma, el japonés y el polaco adquirieron "terror a 'chiste' en llanura inmensa que pronto se convertía en enredo, deshonor y traicionera violencia. Tenían miedo a abrir la boca y producir fatal equívoco [...]" (41). A partir de esta pequeña historia el asesinato de Jansky cobra, *a posteriori*, un significado distinto al que cobró en su primera inscripción en la narrativa, dibujando un movimiento de *après coup*, o 'futuro anterior', característico de la escritura lamborghiniana.[19] A través de este movimiento de futuro anterior el relato parecería ir hacia aquello que lo antecede, hacia su causa. Pero no se trata de una narrativa en retrospectiva o de una vuelta al origen sino de narrar la prehistoria del sujeto: la madeja de hábitos, fantasías y goces que estructuran el presente.[20]

En un movimiento de *après coup* "La causa justa" nos da a conocer, posteriormente a la muerte de Jansky, que el polaco era el único amigo de Tokuro en "la llanura del chiste" (Lamborghini, *Novelas y cuentos*

---

[19] El concepto de futuro anterior, o *après coup*, es fundamental en la teoría psicoanalítica dado que en él se instituye la a-temporalidad de la lógica del inconsciente. Freud escribe en su carta a Fliess de Diciembre de 1896: "nuestro mecanismo psíquico se ha generado por estratificación sucesiva, pues de tiempo en tiempo el material preexistente de huellas mnémicas experimenta un reordenamiento según nuevos nexos, una retranscripción" (*Publicaciones prepsicoanalíticas y manuscritos inéditos* 274). Es Lacan en 1953, quien al referirse al caso freudiano "El hombre de los lobos", da a este mecanismo el nombre de futuro anterior *(Après-coup)* y lo propone como una marca del lenguaje en el psiquismo. El concepto de *futuro anterior (après-coup)* refiere al hecho de que hay impresiones o huellas mnémicas que no adquieren todo su sentido y toda su eficacia sino en un tiempo posterior al de su primera inscripción. Este concepto es fundamental en la comprensión del trauma, donde las huellas mnémicas dejadas por las experiencias vividas no adquieren significación hasta etapas posteriores en las cuales son narradas y articuladas por el sujeto.

[20] El cuento "El niño proletario" es un ejemplo emblemático del movimiento de *après coup* que sigue la escritura lamborghiniana. Las fantasías, los goces y las creencias de las aberraciones sexuales cometidas en aquella escena de la infancia contra el niño proletario, estructuran el presente narrativo de un personaje que comienza por congratularse de "no ser obrero, de no haber nacido en un hogar proletario" (*Novelas y cuentos* 63); y culmina erguido "desde la torre fría de vidrio", "como si alguna vez pudiera estar erecto" (68), observando la muerte plana y aplanada de los jornaleros que trabajan para él teniendo las vías del nuevo ferrocarril. En otras palabras, el goce sádico de aquella escena infantil, fanteada o verídica, se continúa en el adulto que observa la explotación de los trabajadores.

II 39). La amistad comenzó cuando se propusieron profundizar en su profesión, ingeniería electrónica. Jansky se ofreció a traducir material polaco (traducido a su vez del ruso) y Tokuro a traducir material en alemán y japonés. Por ende, debían salir de la fijeza y la univocidad del lenguaje matemático para enfrentarse a través de la traducción con un resto –un plus de significación– que habita en la estructura de la lengua. Igualmente, su apacible amistad comienza a ser habitada por malos entendidos, confusiones y equívocos que la trastornan paulatinamente.

Todo comenzó cuando Jansky propuso a Tokuro la idea de "*Hacer Teatro*", lo que solía hacer con un amigo checo en concurridas esquinas de Varsovia: "¿Actor?, preguntó Tokuro. Jansky contestó que no, que algo más 'chiste'" (39). Le propuso entonces encontrarse en esquinas de Buenos Aires llenas de gente, como Perú y Avenida de Mayo, y empezar a discutir rabiosamente. Al revés de lo que hacían en su tarea de traducción –brindarse mutuo acceso al significado de la propia lengua– el chiste estaba en que cada uno discutía en su idioma, en el absoluto desconocimiento de la lengua del supuesto adversario. Probablemente, al igual que ellos, la mayoría de los espectadores que se congregaba en torno a la pelea, no entendiera ni una sola palabra de lo que se decían. Por su aspecto, podían adivinar que Tokuro era japonés, pero difícilmente identificaban a qué idioma pertenecían las palabras de Jansky. Sin embargo,

> pasaba increíble, nada menos que en enormes praderas de 'chistes': gente empezaba a tomar partido. Y apasionadamente. Gente se peleaba entre ella, unos estaban dispuestos a dejarse matar a favor del japonés, otros querían lincharlo porque le daban la razón al polaco. (Lamborghini, *Novelas y cuentos II* 39)

A pesar de la ignorancia absoluta de la lengua en la que se expresaban los simuladores, entre su concurrida audiencia se armaban tumultos que llegaban al borde de la violencia física. "De golpe terminaban la discusión y se iban, dejaban casi cien *llanuros* discutiendo, a punto de pegarse" (39). Más allá de la incomunicación establecida por el desconocimiento de la lengua del otro, ocurre aquí una transmisión del orden del lenguaje. Es decir, aunque no haya lengua sigue habiendo lenguaje: el lenguaje del cuerpo, de los tonos de voz y de los gestos decodificados por la audiencia, a pesar de desconocer la lengua de la discusión.

Éste es un chiste abstracto que se basa en varias de las técnicas planteadas en el apartado anterior como el contrasentido, el equívoco, y el sentido del sinsentido de discutir en lenguas ajenas. Sin embargo, el efecto cómico, lo más absurdo e intrigante, no está en el chiste en sí mismo sino en la reacción del público, reunido en torno a estos dos extranjeros que se gritan apasionadamente cosas incomprensibles. El escenario gira, como si ahora el telón se abriera para el otro lado, dejando a los espectadores en escena. Un taxista, por ejemplo, dice:

> Yo que el japonés (seguro sabe karate), si me dice eso lo mato, mire, se lo juro por mi madre. Vení, colchón meado (*Jansky era rubio*), repetímelo a mí si tenés pelotas, ¿no ves, gil, que el japonés no te mata a lo Kun-fu porque te tiene lástima? Seguro que como hombre serio, impasible oriental, por no destrozarle el corazón a tu pobre madre. ¡Pero vení, hijo de puta, yo me cago en tu madre! (39)

El japonés y el polaco se tiran las palabras como si fueran cosas, sin entender lo que se dicen; pero esto despierta en los espectadores fantasías de ofensas, agravios, humillaciones y desprecios que merecen ser pagados con la muerte, aunque esto destroce el corazón de la pobre madre del destinatario de la amenaza. La misma madre que a la siguiente frase se transforma en una puta que merece ser cagada.

Lo que comenzó como un chiste termina en las violentas reacciones de quienes toman partido por el japonés o por el polaco. El chiste genera un nexo entre lo que los dos extranjeros venían transmitiendo sin saber y lo que terminan diciéndose sin querer a través de las palabras de los espectadores. De esta manera, el chiste subraya la violencia y el racismo presentes en la realidad social bonaerense al abrir un espacio en el que se escenifica la agresión verbal a un paso de la trompada, muestra de la hombría de los que "tienen pelotas".

A pesar de los inconvenientes, los dos chistosos no pueden abstenerse de su *"Hacer Teatro"*, y continúan generando en el público reacciones que rayan con la locura y la estupidez, hasta que en cierta ocasión los encargados de mantener el orden cierran el telón. Un auto policial se acerca al tumulto de gente, y los oficiales les hacen señas a Jansky y Tokuro de que se suban al patrullero. Se dirigen a ellos mediante señas porque creen que no hablan español; pero una vez en la comisaría Tokuro y Jansky deben mostrar sus pasaportes y confesar su "chiste", con lo que queda claro que sí hablan español y son además, ingenieros electrónicos de la multinacional más importante con filial en el país. Sin embargo, el policía que los conduce a la celda le dice a Tokuro: "*¡Tintorero de mierda, te vamos a hacer procesar por escándalo en la vía publica!*" (40). Tokuro no protestó por el "de mierda" porque se había portado mal, "comprendía la cólera de policía" (40). Pero intentó aclarar lo de la profesión por miedo a una confusión legal. Sin éxito ninguno recibió como respuesta: "*¡Te dije que te callaras, tintorero de mierda, o te voy a hacer planchar los uniformes de todo el cuerpo!*" (41). La reacción de los encargados de mantener el orden resuena con las reacciones racistas y xenófobas de los transeúntes, agudizando la amenaza al articularse con el poder totalitario y absoluto ostentado por los oficiales de la ley puertas adentro de la comisaría.

El autoritarismo y el totalitarismo eran la realidad cotidiana desde 1976, año en que la Junta de Comandantes en Jefe dio un golpe al Estado concentrando en sus manos el poder político. Como apunta el historiador Luis Alberto Romero, ante la violencia, cada vez más generalizada desde el año 1975,

> no se argumentó a favor de una alternativa jurídica y consensual, propia de un Estado republicano y de una sociedad democrática, sino de un orden jerárquico que era, en realidad, otra versión de la misma ecuación violenta y autoritaria que se venía gestando. (211)

El caos económico de 1975, la crisis de las autoridades, la acción de las organizaciones guerrilleras, la muerte presente en el día a día, el terror sembrado por la Triple A y las experiencias previas de autoritarismo crearon las condiciones para la aceptación de un golpe de Estado que prometía restablecer el orden y asegurar el monopolio estatal de la fuerza.[21] Sin embargo, el plan de los militares fue más allá de las expectativas de orden de la población. Apuntó mediante el terrorismo de Estado a extirpar una característica básica de la sociedad: la irreductibilidad de sus conflictos. Se

---

[21] La Triple A fue un grupo clandestino perteneciente al Estado, abocado a realizar detenciones ilegales, torturas y asesinatos de los opositores al peronismo, dentro y fuera del propio partido y en la organización gremial.

trataba de una cirugía mayor, que en coordinación con las otras dictaduras de Latinoamérica –Uruguay, Chile, Brasil– se proponía silenciar todo atisbo de resistencia, aplastar todo disenso, anular toda garantía ciudadana que contraviniera su poder; por ende, quebrar la dignidad de la población en su conjunto.[22]

Sin hacer una referencia directa a la dictadura militar, Lamborghini expone el poder totalitario y absoluto que ostentaban los oficiales de la ley, en un tono paródico que deja al nacionalismo y al anti-comunismo expuestos a su propio ridículo. Por ejemplo, Jansky protesta a causa de un empujón recibido por el policía que los conduce a la celda, quien le contesta: "*¡Aguantate piola, polaco comunista, seguro que si estás en la Argentina es porque andas prendido en la de Walesa, haciéndote el demócrata, cuando son todos la misma mierda!*" (Lamborghini, *Novelas y cuentos II* 41). Ante tantos equívocos, Tokuro comienza a pensar que el policía "seguro hablaría un dialecto, no comprendía del todo" (40).

Que los policías se enteraran de que los detenidos hablaban español no hizo ninguna diferencia; el diálogo era tan imposible como cuando creían que hablaban otro idioma. Tokuro reflexiona: "Pero, ¿policía sordo? En Japón, sordo no podía ser policía. ¿Otro 'chiste'?" (41). La ironía subraya el diálogo entre sordos que imponían los oficiales, destaca la negación absoluta de los mismos a escuchar cualquier cosa que enunciaran los detenidos, hablen éstos el idioma que hablen. Al ocupar el lugar de detenidos, Tokuro y Jansky se hacen automáticamente merecedores de los motes "tintorero de mierda" y "polaco comunista", y con ellos del racismo y la xenofobia política. Si bien estos fenómenos ideológicos se hacen patentes en los oficiales que representan las fuerzas del orden, el

---

[22] El operativo montado para lograrlo constaba de trescientos cuarenta centros clandestinos de detención –conocidos como los chupaderos– en los cuales se ejecutó la desaparición de 30 mil personas; un verdadero genocidio que ocultó los cuerpos de sus víctimas, como generalmente ocurre en los genocidios. Las órdenes bajaban por la cadena de mando hasta los Grupos de Tarea, integrados principalmente por oficiales jóvenes junto a algunos suboficiales, policías y civiles encargados de la ejecución. Las desapariciones se produjeron masivamente entre 1976 y 1978, aunque ya se había desarticulado y subyugado gran parte de la resistencia armada del Movimiento de Liberación Nacional (MLN). En los años siguientes el objetivo fue dominar y controlar el conjunto de la sociedad por medio del terror, además de justificar el apoyo económico que brindaban los Estados Unidos para la lucha anticomunista.

relato llama la atención sobre su generalización al resto de la sociedad, a través de las reacciones de los transeúntes al enfrentamiento simulado entre japonés y polaco. La escena se complica aún más cuando entra en juego la variable del dinero; "[l]a empresa importante logró sacarlos sin proceso: 'Coima comisario, explicaron otros empleados en la oficina. No entendió ni quiso: tenía miedo ahora a que todo fuera 'chiste' y terminara mal" (41). La coima se transforma en el emblema de la compraventa de derechos, garantías y legalidad, allí donde el gobiernos de facto las había suspendido. El humor subraya el cinismo oficial, la desvergüenza en el mentir al servicio de la defensa y la práctica de acciones y doctrinas que negociaban con la debilidad de la ley.

Los oficiales son, paradójicamente, quienes tienen carta blanca para eximirse de la ley y cometer, por ejemplo, agresiones verbales y físicas contra los detenidos. Mientras tanto en la realidad social, la Junta de Comandantes en Jefe quebraba hasta sus propias leyes en nombre del orden, la seguridad y el progreso de la nación, con la misma desvergüenza. A pesar de que la Junta Militar estableció por ley la pena de muerte nunca la aplicó. Todas las ejecuciones llevadas a cabo durante el gobierno de facto fueron clandestinas, ilegales, a pesar de haber promulgado una ley para avalarlas. Los cadáveres aparecían en la calle, simulando enfrentamientos con la policía, o en escenarios que se preparaban al simular intentos de fuga. Los cuerpos se enterraban en cementerios como si pertenecieran a personas desconocidas, se quemaban en fosas colectivas cavadas por las propias víctimas, o eran arrojados al mar, algunos de ellos adormecidos atados a bloques de cemento (L.A. Romero 209). Este juego paradojal con la ley demuestra que el poder de las Fuerzas Armadas se ubicaba sobre cualquier ley, incluso sobre las redactadas por ellas mismas. Quebrantar la ley en nombre del orden es digno de la más rudimentaria ironía al servicio del cinismo. En nombre de la armonía social se desaparecen a treinta mil argentinos, y se suspenden las garantías civiles de la sociedad en su conjunto. El discurso de orden, seguridad y progreso de la nación se transforma en una fantasía ideológica que niega y encubre su propia negación.

Por otra parte, el encargado de personal sigue el mismo camino, "de ellos, japonés y polaco, esperaba 'coima' (¿sería también comisario?)" (41). La coima fue exigida por el gerente de personal a los dos chistosos en orden de evitarles el despido por mala conducta. Esta era una práctica común, "por los que podía se hacía pagar, si andaban en la cuerda floja, una cuota todos los meses, para no incluirlos en la lista de despidos" (41). La coima no se articula en una posición directa de inmoralidad sino que se sirve de ciertos principios que transgrede. El encargado de personal se sirve de los principios de la empresa para amenazarlos con el despido y obtener la coima: "un hombre 'Egometrix' tenía que comportarse como tal siempre" (41). De acuerdo con estos principios la conducta de los dos chistosos resultaba inaceptable, pero no era inaceptable coimear al encargado de personal haciendo de cuenta que no se había incumplido con los mismos. La situación hace gala de la más crasa ironía, en la cual los principios de la empresa Egometrix, al igual que los principio de orden y progreso de la Junta Militar, son afirmados y negados a la vez en una fantasía ideológica que los enuncia como su emblema, a la vez que los contraría. En otras palabras, los oficiales de la ley y el gerente de la multinacional más importante con filial en el país gozan de los beneficios de negar los principios en los que se fundan las instituciones a las que representan pero, a su vez, gozan de los beneficios de negar dicha negación y sostener dichos principios como "la causa justa" del mismo accionar que los niega.

Al trabajar esta paradoja psíquica en la que el sujeto niega y afirma un mismo juicio a la vez, Lacan reconoce dos actitudes opuestas, independientes la una de la otra. El autor retoma el concepto freudiano de renegación, y lo reelabora utilizando el término francés *démenti*, traducido al español como desmentida. Como lo expresa Guy de Rosolato leyendo a Lacan, mediante la desmentida el sujeto construye un sistema por el cual "retiene lo que desecha" (15). A través de la desmentida el sujeto no acepta la ley pero tampoco la niega totalmente. En otras palabras, retiene la ley pero como aquello que desecha. El adulto, al igual que cuando niño, construye una narrativa que le permite gozar de los beneficios de negar la ley, pero sin renunciar a los beneficios de hacer como si la cumpliera; con lo cual afirma y niega una misma premisa a la vez.

Freud elabora el concepto de renegación a partir de la observación del niño que percibe la diferencia entre los sexos. Enfrentado al enigma de la diferencia de los sexos el niño la rechaza y crea una ficción que la encubre. La más común sostiene que el clítoris es pequeño todavía, pero que cuando la niña crezca le crecerá; más adelante dirá que la niña sí tenía pene pero la castraron, lo que le permite sostener la idea de que las mujeres respetables como la madre lo conservan. Sin embargo, el enigma de la diferencia de los sexos no recae únicamente en el pene; también la concepción de los bebés y su nacimiento es ocasión para la creación de ficciones que por un lado reconocen y, por otro lado niegan esta diferencia. El niño construye la teoría de que tanto la mujer como el hombre pueden albergar niños en su vientre y que éstos nacen por el ano. Más adelante, al descubrir que sólo la mujer puede parirlos, empieza a dejar de atribuir un pene a la madre y construye complicadas teorías para explicar el trueque del pene por un niño (*Tres ensayos* 177-79). La niña también utiliza el mecanismo de la renegación para lidiar con la diferencia de los sexos y la prohibición a la cual la remite. Freud pone el ejemplo de una de sus pacientes que de niña creía que tanto su madre como las tías admiradas por ella tenían pene, pero su tía "idiota" y ella misma habían sido castradas (*Tres ensayos* 200-207). Al enfrentar la diferencia biológica entre los sexos el niño se enfrenta a una convención, una ficción fundamental que rige y ordena la realidad social en torno a la diferencia sexual (Lacan, *The Four Fundamental Concepts* 163). Mediante el mecanismo de la renegación, el sujeto reconoce esta ficción fundamental y a la vez la niega.

La especificidad otorgada por Freud a este mecanismo psíquico es la diferencia más importante entre la renegación freudiana y la desmentida lacaniana. Si bien para Freud la renegación es un mecanismo común en la niñez, en un primer momento sostiene que su persistencia conduce a la psicosis; y en 1927, en su trabajo sobre el fetichismo, la designa como el mecanismo propio de las perversiones: el fetiche encubre la percepción de la diferencia de los sexos, la reconoce a la vez que la niega. Para Lacan, por el contrario, la desmentida no es una operación específica de las perversiones –menos aún de las psicosis para las que reserva el mecanismo psíquico de la forclusión– sino que está al alcance de todo ser hablante.

En suma, la ironía lamborghiniana deja al desnudo la desmentida del discurso oficial, en el cual el principio de orden, seguridad y progreso es 'la causa justa' para los secuestros, las torturas y los asesinatos clandestinos. Esta doble negación sostiene la pervertida de la ideología oficial que afirma, a la vez que niega, los principios en los que se avala su doctrina. El mismo mecanismo se generaliza en la coima: emblema del cinismo oficialista que avala el robo sofisticado de guante blanco. Como propone Žižek, "confrontada con el enriquecimiento ilegal, con el robo, la reacción cínica consiste en decir que el enriquecimiento legal es mucho más efectivo y, además, está protegido por la ley" (Žižek, *El sublime* 57). La media lengua de Tokuro, el extranjero, y su posición de extrañeza ante ciertos códigos culturales, subrayan la ironía del cinismo presente, ya ahí, en la realidad social que visita. El humor lamborghiniano parodia un discurso autoritario y violento que niega desvergonzadamente la obliteración de los principios que el mismo cita. Confronta la invisibilización y la generalización de la ideología oficial dominante en la trama social, y pone de manifiesto la violencia, el autoritarismo, la xenofobia, el racismo y las brutales pretensiones de poder que enmascara la desmentida.

El Fiord, por ejemplo, siguiendo las claves de lectura de John Kraniauskas, se satura con consignas que representan la variada militancia de la época: CGT (Confederación General del Trabajo), ATV (Augusto Timoteo Vandor: líder sindical de la derecha peronista), *Sebas* (juego metonímico con las bases sindicales).[23] A partir del golpe militar autodenominado 'Revolución libertadora', que derroca a Perón en el año 1955, el Estado se transforma en un escenario en el que varios grupos sociales entran en lucha, pero ya sin la capacidad mediadora del peronismo ni su autoridad política. Kraniauskas destaca que *El Fiord* escenifica esta lucha en una revolución pornográfica proletaria que toma cuerpo en masivas manifestaciones populares. Asimismo, Prieto destaca en *El Fiord*

---

[23] Hacia 1964, mientras Perón se encontraba en el exilio, Augusto Timoteo Vandor ganaba el dominio de los sindicatos y también de las organizaciones políticas del peronismo, actuando simultáneamente en ambos frentes. En este mismo año los sindicatos alentaron una reorganización del Partido Justicialista –nuevo nombre del Partido Peronista– en la cual Vandor amenazaba el liderazgo de Perón por lo que fue creciendo el enfrentamiento entre ambos. Entre otros, el periodista Andrés Bufali sostiene que Vandor fue asesinado en 1969 por el Ejército Nacional Revolucionario, el cual se unió luego a Montoneros.

un aquelarre simbólico de diversa procedencia ideológica fundido en una voz coral simultáneamente popular y política: "el novedoso análogo de la popularización de la acción política de fines de los años sesenta y principios de los setenta" (435). Aunque ambos críticos leen diferentes momentos históricos a través de *El Fiord*, coinciden en que en el mismo "la violencia política argentina es puesta en acto a través de la violencia sexual" (Prieto 433).

La articulación de aberraciones sexuales con el aquelarre simbólico político de la época tiene un efecto "siniestro"; en lo íntimo y conocido de la esfera sexual irrumpen la violencia, el abuso y el autoritarismo de la esfera política considerados como ajenos, desconocidos y comúnmente pasados por alto, naturalizados, en la cotidianidad. Acontece así una interpelación a la subjetividad popular en la que se sostiene la política estatal; la perversión política, la explotación económica y la jerarquización social se enlazan con la esfera íntima del goce y las fantasías sexuales. Esta es una de las razones por la cual la circulación de sus textos publicados en vida adquirieron cierto aire de transacción secreta e indebida, pues a pesar de su reducida venta sus páginas circulaban en grises hojas de fotocopia con cierto aire de material clandestino, pero de ninguna manera pasaron desapercibidas. Como destaca Aira en el prólogo a *Novelas y cuentos, El Fiord*, por ejemplo, "se vendió mucho tiempo, mediante el trámite de solicitárselo discretamente al vendedor, en una sola librería de Buenos Aires" (7).

Es Aira quien en *Novelas y cuentos* (1988) habilita la circulación de todos los textos narrativos que Lamborghini publicó en vida, y los que había dejado preparados para publicar. Más adelante, en el 2003, en una segunda edición, Aira reunió en orden cronológico todo lo que en sus papeles entra en la categoría de 'prosa narrativa', publicado o no, esbozado, interrumpido, olvidado o descartado. Asimismo, Arturo Carrera publicó póstumamente una grabación de Lamborghini sobre Alejandra Pizarnik, *Stegman 533' bla*, y *Palacio de los aplausos (o el suelo del sentido)* coautoría suya con Lamborghini.

"La causa justa" se encuentra en lo que algunos críticos entienden como una segunda fase en la obra de Lamborghini en la que encuentran un repliegue en un monólogo interior que, si bien mantiene su repulsiva marca de origen, "atañe a la puesta en leyenda de la infancia del escritor" (Prieto 435). Adriana Astutti analiza esta puesta en escena, destaca un carácter de fabulación que otorga a la literatura de Lamborghini la condición de menor. La autora no califica la literatura lamborghiniana en relación con un centro, como sucede al hablar de literatura marginal, sino en relación con las condiciones revolucionarias en el seno de la literatura llamada mayor o establecida.[24] Mientras la leyenda tiende a la mitificación de una subjetividad coagulada, la fabulación se acoge a la mutación constante del devenir histórico. La fábula sitúa al escritor y su creación en el lugar del menor: "el niño, el loco, el boludo, el tartamudo, idiota –pero un poco–, el anormal" (Astutti, "Lamborghini" 25). Esta posición le habilita el contacto con "afectos menores que sería más prudente olvidar, dejar de lado" (25).

A diferencia de Prieto, que marca una ruptura en la obra de Lamborghini, Astutti enfatiza la continuidad de estos "afectos menores" que hacen a la eficacia del estilo lamborghiniano; son el gesto de su obra hacia algo inaudito, inédito y anónimo, "una carcajada impropia y violenta que anticipa la respuesta a una pregunta que todavía no se formuló", y quizás nadie se atreva a formular (Astutti, "Lamborghini" 26). Se trata de una "palabra de la infancia (y no una palabra sobre la infancia)", como la distingue el crítico Nicolás Rosa (158). La articulación de esta palabra de la infancia con los afectos menores y la risa desconcertante abre su escritura al doblez de lo literal, que juega con la infinita duplicidad del lenguaje con el que decimos siempre más de lo que querríamos escuchar.

En consecuencia, "La causa justa" no incumbe a sentimientos de familia sino más bien a sentimientos que introducen una extrañeza inquietante en lo familiar, una potencia que hace vacilar al Yo junto con el mundo conocido de la cotidianidad. A instancias de un maestro en sillas de ruedas, trastabilla la certeza de quien se enuncie como un pequeño amo que sabe. Sus primeros párrafos nos ubican frente al lecho de muerte de Luis Antonio Sullo, el linotipista paseado en silla de ruedas por sus discípulos por las calles de Buenos Aires; un *outsider*, un individuo

---

[24] En su libro *Andares clancos*, la autora lee a J.L. Borges, J.C. Onetti, Silvina Ocampo, Manuel Puig y Rubén Darío en clave lamborghiniana, buscando las trazas del menor en su literatura.

excepcional para sus discípulos, quienes, paradójicamente, le representan una amenaza, aquellos que pueden destruirlo y volverlo a crear. Sus discípulos aprovechan la oportunidad para insultarlo por la trama de rayas en los libros con los que fingía enseñarles: "esa manera tan 'suya' de subrayar y no leer que te envidiamos (siempre) / *aprovechamos el rato que falta para insultarlo*" (Lamborghini, *Novelas y cuentos II* 9).[25]

Sullo, "infatigable en su lucha para que los libros dijeran lo que alguna vez susurraron: *no leía jamás, pero sus subrayados eran perfectos*" (9). Esta frase se nos presenta, en una primera instancia, como un disparate sin razón que conecta dos enunciados contradictorios: el subrayado perfecto y la ausencia de lectura. Si la despojamos del contrasentido, lo mismo podría expresarse de la siguiente manera: la lectura no es condición necesaria del subrayado. Sin embargo, el contrasentido no está únicamente entre los diferentes conceptos a los que se asocian las palabras sino entre el significado y la ausencia de significado de las mismas; análogamente, la única forma de subrayar sin leer es si las palabras no se amalgaman por su significado sino por otra lógica, que quizás se acerca a lo que llamamos comúnmente lenguaje poético. El sinsentido de la frase nos remite a una paradoja que guarda un chispazo de sentido: el maestro es aquel que sabe que para enseñar basta un subrayado. Más aún, es aquel que sabe que enseñar implica transmitir sus subrayados, por lo cual un libro no se enseña, se finge enseñar. Lo que enseña el maestro es, únicamente, un subrayado, siempre 'suyo', a través del cual la enseñanza deviene seña.

Por otro lado, Sullo, el linotipista, al borde de ser escritor, paradójicamente, no escribe nunca. El linotipista desarrolla un antiguo oficio asociado a la máquina de escribir; es aquel que le otorga al lenguaje la fijeza y la legitimación de la palabra escrita. En el desarrollo de su función el linotipista puede prescindir del significado de las palabras: puede realizar la transcripción a máquina de un manuscrito sin centrarse en el sentido que se construye acumulativamente frase tras frase, página tras página. Esta particular relación con el lenguaje es emblemática de la escritura de Lamborghini; en el prólogo de *Novelas y cuentos,* Aira relata que uno de los métodos para escribir de Lamborghini "consistía simplemente en

---

[25] Resaltado del autor, de aquí en más sólo especificaré cuando no lo sea.

escribir una pequeña frase cualquiera, y después otra, y otra, hasta llenar varias páginas" (10).

Sullo, además de ser el maestro que finge enseñar, y el linotipista que finge escribir, es un gran cómico, pero del que nadie se atreve a reír:

> Tanto aprendimos de su humor, que mientras lo amortajaban nos dábamos el lujo de volverle la espalda y entre los amigos copiarle el chiste: –¿Aquí el presente?– Era su chiste, el mayor del mundo: nadie se atrevía a reírse […].
> –Hundidos hasta el cuello en lo informe, si aquí el presente, el pasado ¿dónde, entonces? y dónde el futuro: porque si aquello de 'a mí no me gusta el cómo' merece nuestro aplauso (*Aplausos*), el cuándo es tierra de tumba, por eso se prefiere la silla de ruedas. (Lamborghini, *Novelas y cuentos II* 10)

Lo que comienza por una pregunta que parece un mero juego de palabras ("¿Aquí el presente?") termina en una condensada reflexión sobre la incapacidad de habitar el presente. La reflexión apunta a la imposibilidad de sostener los tres términos: pasado, presente y futuro. Mediante la tontería desatinada de la pregunta ("¿Aquí el presente?"), el chiste nos enfrenta al contrasentido en el que redunda el significado de las palabras pasado, presente y futuro, en el que el presente excluye radicalmente cualquiera de las otras dos posibilidades. El decurso de pensamiento está dado por el desplazamiento de la afirmación a la pregunta, la cual determina un decurso diferente al habitual al referirnos al presente. La frase juega con el sinsentido del sentido que adjudicamos a la linealidad temporal pasado-presente-futuro, con el contrasentido de un tiempo cronológico, paradójicamente, sin sentido. Pero también juega con el sentido del sinsentido de preguntarnos por el presente: un gran chiste, el mayor del mundo, un punto inusitado en el cual fingimos habitar, tierra de nadie que hace del cuándo "tierra de tumba"; por lo que se prefiere la "silla de ruedas", o la "máquina de escribir". Ante la racionalidad temporal en la que se basa la lógica desarrollista de la modernidad, el maestro prefiere la silla de ruedas; prefiere portar la muerte en la invalidez de su propio cuerpo, como única marca de la certeza del tiempo.

Sin embargo, ¿por qué se trata de un chiste? Sigmund Freud, en su libro *El chiste y su relación con el inconsciente*, una de las pocas investigaciones centradas en el chiste, comienza por separar a los chistes en dos grandes grupos: los chistes inocentes o abstractos y los chistes tendenciosos. Los chistes tendenciosos se refieren a una persona, a un grupo de personas o a una institución con determinada intención. Se caracterizan por ser hostiles, destinados a la agresión, la sátira y la defensa, u obscenos destinados a desnudar una tendencia sexual que de otra manera permanecería inhibida (96-108). Por el contrario, los chistes inocentes o abstractos no atacan a personas o instituciones sino a la certeza misma de nuestra razón y a la posibilidad misma del conocimiento (85-96). Por lo cual, paradójicamente, los chistes inocentes o abstractos pueden ser más agudamente críticos que los tendenciosos. Además, por contener "juegos de palabras que plantean el problema del chiste en su forma más pura", los chistes inocentes o abstractos resultan más útiles que los tendenciosos para el esclarecimiento teórico en torno al chiste y los mecanismos que mueven a la risa (89).

Tomando en cuenta esta clasificación, podríamos afirmar que el citado chiste de Lamborghini pertenece a los chistes abstractos o inocentes ya que pone en cuestión la temporalidad asumida como certeza por el sentido común. El chiste juega con el sentido común otorgado al tiempo en una línea cronológica que va de pasado a futuro, poniendo en cuestión las conexiones de pensamiento más habituales al respecto. En la literatura de Lamborghini el chiste transforma estas conexiones, que pasan comúnmente desapercibidas, en un cúmulo de cosas risibles y contrastes cómicos, tornándolas evidentes para el abordaje crítico.

El citado chiste presenta varios aspectos trabajados por Freud como emblemáticos del chiste, que son a su vez característicos de la literatura de Lamborghini. Uno de ellos es el orden de lo defectuoso e ininteligible. El personaje del chiste, a su vez personaje central del relato, porta la invalidez física del lisiado con lo que se asocia al deforme, el torpe, el medio tonto, el niño, el loco, el extranjero y todos los 'raros' centrales a la literatura lamborghiniana. Como apunta Gabriel Giorgi, "el anormal nace del cruce entre su cuerpo y el ideal normativo" de la ciencia y el conocimiento. Ideal en el que persiste "el higienismo, con sus reglas de percepción sobre los cuerpos y los sujetos, y con sus voces hechas de biologismo" (231). 'El raro' encarna aquello que excede a la matriz ideológica que sujeta un cuerpo al conocimiento y el control ejercido en una determinada época.

A la vez, introduce la extrañeza inquietante de lo anómalo que amenaza con desarticular la estructura de conocimiento y de poder o, al menos, con ponerla en cuestión. De esta manera, 'el raro' deviene intruso que porta lo cómico de su rareza, y desnuda así su propia tragedia y la de toda de una época.

Por otro lado, el chiste se presenta en la literatura lamborghiniana como una mera formación léxica defectuosa, que alude a algo ininteligible y enigmático. Por ejemplo, la frase "el cuándo es tierra de tumba, por eso se prefiere la silla de ruedas", parece un equívoco: un error que imposibilita el cierre de sentido de la frase (Lamborghini, *Novelas y cuentos II* 10). En la construcción de la misma las palabras están empleadas de manera distinta a como se las usa comúnmente, y desvirtúan las reglas de la sintaxis y de la gramática, lo cual provoca un desvío que abre la posibilidad de jugar con el sentido.

Nicolás Rosa sostiene que en Lamborghini

> las palabras del relato designan otra cosa que las que obligatoriamente deben designar las *denotata*; dicen, en principio lo contrario de lo que quieren decir, hecho que va desgastando la verosimilitud y acentuando la extrañeza del mundo que transportan. (175)

Rosa encuentra en ésto la operación mayor de la escritura de Lamborghini, que supera cualquier actitud vanguardista, dado que ante la lengua fascista –xenófoba y discriminatoria del mandato y la sumisión– Lamborghini opone la desorganización de los núcleos sintácticos y semánticos. "El intento de Lamborghini es generar una lengua corrupta por dislocación de las formas y de los paradigmas, una verdadera destrucción ácrata de los significados y los significantes" (Rosa 173). Sin embargo, en su escritura significado y significante siguen componiendo la unidad del lenguaje; pero no responden a las leyes gramaticales, sintácticas o semánticas de un lenguaje en particular sino a las leyes del inconsciente.

Gran parte de la obra de Freud explora la lógica del inconsciente en relación con la lógica del significante. En su análisis de los sueños Freud sostiene que el contenido inconsciente nos es dado a través de una pictografía, "cada uno de cuyos signos ha de transferirse al lenguaje de los pensamientos del sueño"; y agrega que "equivocaríamos manifiestamente

Ofelia Ros

el camino si quisiéramos leer estos signos según su valor figural en lugar de hacerlo según su referencia signante ("El trabajo del sueño" 285).²⁶ Para Freud, la única forma de trabajar con las formaciones del inconsciente es a partir de leerlas como formaciones escriturales.

Freud destaca que los mecanismos que encuentra en la base de las técnicas del chiste son los mismos que encuentra en la base de la figuración onírica. Repasa meticulosamente y con abundantes ejemplos un amplio espectro de las técnicas del chiste: el doble sentido, el contrasentido, el múltiple empleo del mismo material, el retruécano o similicadencia y la representación antinómica. Al final del desarrollo plantea que se pueden dividir en dos grandes grupos: la condensación y el desplazamiento. La condensación se trata en todas sus variaciones de la fusión de dos palabras formando una sola; el desplazamiento ocurre al utilizar una palabra con intención de desplazar su significado, o sea de referirnos a un grupo de representaciones que distan de la misma (Freud 83-84). Lacan se sirve de la lingüística moderna para afirmar que los mecanismos de formación del inconsciente trabajados por Freud –condensación y desplazamiento– son respectivamente equivalentes a los mecanismos centrales de las operaciones del lenguaje: la metonimia (regla de diferencia y contigüidad) y la metáfora (regla de semejanza y recubrimiento). De esta manera, siguiendo a Freud, Lacan sostiene que "el inconsciente está estructurado como un lenguaje" (*The Four Fundamental Concepts* 20). Los mecanismos de condensación y desplazamiento dan forma a los mecanismos característicos del chiste: "el '*contraste de representación*', el '*sentido en lo sin sentido*' {en el disparate} y el '*desconcierto e iluminación*'" (13). Mientras que en el sueño la fijeza y univocidad de sentido del lenguaje devienen confusión, enredo y

---

²⁶ Freud da el siguiente ejemplo para explicar esta idea: "Supongamos que me presentan un acertijo en figuras: una casa sobre cuyo tejado puede verse un bote, después una letra aislada, después una silueta humana corriendo cuya cabeza le ha sido cortada, etc. Frente a ello podría pronunciar este veredicto crítico: tal composición y sus ingredientes no tienen sentido. No hay botes en los tejados de las casas, y una persona sin cabeza no puede correr; además, la persona es más grande que la casa y, si el todo pretende figurar un paisaje, nada tienen que hacer ahí las letras sueltas, que por cierto no se encuentran esparcidas por la naturaleza" (Freud, "El trabajo del sueño" 225). No se llegaría a ninguna parte al intentar leer los signos del sueño por su valor figural. Freud proponía al paciente que remplazara las figuras por palabras que en su combinación aleatoria permitirían leer algo de otro orden distinto al de la consciencia.

equívoco, dado que el lenguaje del sueño responde asimismo a la lógica del significante basada en el desplazamiento y la condensación, o la metáfora y la metonimia.

Igualmente, Freud destaca que la lógica del significante se presenta en la infancia de manera espontánea; señala al respecto que el niño está "habituado a tratar todavía las palabras como cosas" (*El chiste* 115). El niño que aprende a manejar el léxico de su lengua materna "entrama las palabras sin atenerse a la condición de sentido, a fin de alcanzar con ellas el efecto placentero del ritmo o de la rima" (120). La infancia brinda la posibilidad de renegar de las leyes de la semántica y la sintaxis, de escuchar la frase ininteligible que atraviesa el relato como una música: "una pequeña melodía, una 'musiquita'" que según Lamborghini recorre todo texto, y a la cual se pueden resumir las grandes novelas (Aira, *Novelas y cuentos* 10).

La literatura de Lamborghini transita un intersticio en que el lenguaje no sigue ni las reglas de la narrativa ni las reglas de la poética o, como explica Aira, no es ni prosa ni verso, ni una combinación de ambas, sino un pasaje. "Hay una arqueología poética en la prosa, y viceversa; una doble inversión, cuya huella es aquello en lo que muchos han visto lo más característico del estilo de Osvaldo: la puntuación. Por otro lado, él mismo lo ha dicho: 'En tanto poeta, ¡zás! Novelista'" (*Novelas y cuentos* 9). En vez de fijar el significado de las palabras acorde con la sintaxis de la frase, la puntuación en Lamborghini quiebra la sintaxis de la frase, aumentando la ambivalencia y la dispersión lingüística que destacan el espesor significante del lenguaje.

La musicalidad esencial a la construcción poética y el estatuto de la palabra en la infancia destacan el espesor significante del lenguaje. Por otro lado, como sostiene Paul de Man en *Aesthetic Ideology*, el movimiento en que el significado de la palabra se desplaza a un grupo de representaciones en las que dista de sí misma —de su sentido más obvio o común— es característico tanto de la poesía como de la ironía.[27] La ironía es el tropo

---

[27] La ironía ha sido un concepto difícil de definir en la historia de la literatura y la filosofía, al punto de llegar incluso a cuestionarse su estatus de concepto. Ya en el siglo XIX las teorizaciones sobre la ironía del romanticismo alemán exponían varias contradicciones. A modo de ejemplo, Paul de Man cuenta cómo Friedrich Solger criticaba a K.W.F. Schlegel por no lograr una definición acabada del término. Más tarde Hegel critica a Solger por su incapacidad para hablar

de los tropos; y "éste es el origen de toda poesía, suspender las nociones y las leyes del pensamiento racional [...]" (De Man 256; Schlegel 319, n.4). Como sugiere Rosa, si en Arlt había una lengua mala, en todos los sentidos que puede tener este mal adjetivo, en Lamborghini la lengua es una lengua en joda" (173). El humor característico de su escritura incluye "la perversa pasión de los chistes tontos, la estulticia de la letra, el aburrimiento y la tontería de los dichos y dicharachos de la lengua" (175). El arcaísmo, el estereotipo y la repetición de una lengua gutural e insistentemente pornográfica conforman, ante todo, una burla al entendimiento que nunca llega a entender, y se da de bruces con una nueva rareza.

> Si explicar equivale a confesarse sistemáticamente –Buenos Aires, ¿aquí el presente?–, puede entenderse (mal, casi seguro) que explicar equivale a confesar *un* sistema. Pero es una lástima que la serpiente se muerda la cola, pues da lo mismo subrayarlo, (*escribirlo, nunca*) así como queda subrayado, que hacerlo exactamente al revés: si confesarse equivale a explicarse sistemáticamente (mal, casi seguro) –y como se recordará el sentido es triple en este caso y no doble–, es probable que podamos atormentarnos con una nueva esperanza: explicación, confesión y sistema son posibles. (Lamborghini, *Novelas y cuentos II* 12)

Las técnicas que el autor utiliza en la construcción del enigmático párrafo se basan en la repetición y la combinación de las palabras explicación, confesión y sistema, con y sin el sentido adjudicado comúnmente, provocando que el decurso psíquico se desplace de una a otra desdibujando los límites que las separan. Al deshacer el efecto de las técnicas del chiste sobre la expresión resaltan tres enunciados: explicar equivale a confesarse sistemáticamente, explicar equivale a confesar un sistema y confesarse equivale a explicarse sistemáticamente. Los tres enunciados sostienen de distintas maneras la misma idea: explicar equivale a confesar y viceversa. Confesar denota una acción subjetiva, mientras que explicar apela a cierta objetividad dada por las conexiones lógicas establecidas por la razón. Sin embargo, ambos términos se tornan confusos, por un instante parecen quedar fusionados y, por ende, desprovistos del

---

propiamente sobre la ironía; y luego Kierkegaard critica a Hegel por abordar la ironía muy escasamente y de forma indirecta (164).

sentido comúnmente adjudicado. El chiste insiste en distorsionar el decurso de pensamiento asociado con las palabras en cuestión.

En esta ruptura algo que debía permanecer oculto sale a la luz; como lo expresa Freud haciendo referencia a Theodor Lipps, "hallamos en el chiste una *verdad* que sin embargo no podemos volver a encontrarla luego, si atendemos a las leyes de la experiencia o a los hábitos universales de nuestro pensar" (*El chiste* 14). El chiste es "un juicio que juega" en una media lengua que lo dice todo y nada a la vez (12).[28] Este "juicio que juega" deviene en la escritura lamborghiniana una coartada para subrayar puntos ciegos de la subjetividad de su época, que no serían fácilmente aceptados en forma de juicios. Al respecto, Freud observa que el placer del chiste surge del ahorro del gasto psíquico de una represión; es decir, en lugar de reprimir un pensamiento se hace un chiste. Por ende, el campo de lo cómico otorga a Lamborghini cierta permisividad para subrayar tendencias presentes en las relaciones sociales de su época que conforman puntos ciegos para la subjetividad, y que de ser expresadas en forma de juicio serían radicalmente rechazadas. En otras palabras, el humor habilita una disrupción en la que ciertas formas naturalizadas de percibir, juzgar y actuar en la cotidianidad se tornan extrañas, ajenas, desconocidas, y factibles de ser cuestionadas.

En suma, la escritura lamborghiniana se encuentra con la niñez y con la poesía, oscilando entre el hábito del lenguaje y el nacimiento de la palabra.[29] De esta forma, el escritor se transforma en cómico que subraya el tropiezo en el decir; pero también es el poeta que cita el plus de significación, que dice algo más de lo que realmente dijo, y que cada uno entienda como pueda, si es que puede. El juego con el significante exacerba los alcances de la ironía, de la digresión y de los circunloquios, transformándose en un recurso de ruptura con el totalitarismo discursivo.

---

[28] En esta frase Freud hace referencia a los estudios sobre lo cómico de Theodor Lipps, el poeta Juan Pablo (F. Richter) y los filósofos Th.Vischer, Kuno Fischer.

[29] Los neologismos son característicos de la escritura de Lamborghini; en "La causa justa" la palabra *llanuros*, por ejemplo, refiere a los habitantes de Buenos Aires, la llanura del chiste (39). Otros ejemplos son *Sebregondi retrocede* y *tento*: como señala Aira "¿Quién había oído, por ejemplo, la palabra 'tento', antes de leer la frase 'El Sebregondi con plata es un sebregondi con tento'" (11). Todas estas palabras utilizan el mecanismo de la metáfora (condensación) y la metonimia (desplazamiento) en la base de su construcción, al hacer jugar sonoramente las palabras.

La literatura deviene máquina de subrayar los puntos ciegos de la subjetividad, en la cual "confesarse es explicarse sistemáticamente (mal, casi seguro)" (Lamborghini, *Novelas y cuentos II* 12). Sin embargo, es justamente a partir del reconocimiento de estos puntos ciegos que podemos atormentarnos con una nueva esperanza: explicación, confesión y sistema son posibles.

Esta breve historia que nos ubica en el lecho de muerte del maestro llega rápidamente a su fin, pero algo 'suyo' se trasmite, y persiste agonizando en cada línea del relato: la desmesura burlona, infantil y poética, en la cual las palabras dicen siempre más de lo que dicen. Sin embargo, resta una pregunta que late con toda la violencia de la ficción: ¿qué hacer con los subrayados del maestro agonizante? Uno de sus discípulos enuncia: "podremos entonces tirar a la basura toda esa basura, esa trama de rayas en los libros que fingías enseñarnos" (Lamborghini, *Novelas y cuentos II* 9). Enseguida surge otra posibilidad: saqueárselos. "Ahora Sullo a merced de nuestro humor, impotente ante la merced de toda nuestra merced, que empezará con el saqueo de todos los subrayados de tu biblioteca" (10). Ambas ideas priorizan el acto de quitarle a Sullo aquello que lo sostenía en el lugar del maestro, sus subrayados. Su merced se encuentra, paradójicamente, impotente ante quienes lo transformaron en su merced, quedando a merced de toda su merced. "Un individuo excepcional para un pueblo de creyentes", a merced del humor de sus seguidores, que pueden destruirlo y, a la vez, volverlo a crear (Astutti, "Lamborghini" 31).

El maestro soporta en su cuerpo agonizante la dádiva de sus seguidores: sus insultos, su envidia, su humor, su saqueo, y en última instancia una demanda de saber siempre insatisfecha. Freud sostiene que la del maestro junto con la del analista y la del político son las tres profesiones imposibles: "y hasta pareciera que analizar sería la tercera de aquellas profesiones imposibles en la que se puede dar anticipadamente por cierto la insuficiencia del resultado. Las otras dos, ya de antiguo consabidas, son el educar y el gobernar" (*Moisés* 128). Una promesa siempre insatisfecha es intrínseca al campo del saber, de la cura y de la política. Sin embargo, esta insatisfacción soportada en el cuerpo del maestro, tan fracturado como el cuerpo de sus subrayados, habilita una tercera posibilidad, que si bien no está explícitamente enunciada es la que toma lugar en la novela. En vez de tirar sus subrayados a la basura o saqueárselos, sus seguidores cuentan otro cuento, fabulan otra historia. De eso se trata el relato subsiguiente, de una ficción en torno a los subrayados de un maestro agonizante paseado en silla de ruedas por las calles de Buenos Aires.

La ironía de Buenos Aires supera a Buenos Aires

A diferencia de Jansky, Tokuro no maneja el español con la propiedad de una segunda lengua; no entiende la jerga, los dichos, el lunfardo y, sobre todo, no entiende los chistes que refieren a variables culturales y sociales del lugar. El chiste que realizaban con el polaco en concurridas esquinas de Buenos Aires es un chiste abstracto, universal, que juega con la lengua como sistema de signos. Sin embargo, es precisamente el ser extranjero, su rareza, lo que habilita a Tokuro a subrayar el cinismo de la realidad que lo rodea. Su humor, o más bien su falta de humor, pone en cuestión los mecanismos que perpetúan hábitos de pensamiento y de acción violentos, racistas, xenófobos y homofóbicos. El ámbito en el que esta ocasión hace gala es el clásico partido de fútbol dominguero entre compañeros de trabajo. El partido se organizaba en dos equipos, solteros contra casados; como lo explica el subjefe de Relaciones Publicas Internas de la empresa, "jugaban para aumentar el nivel de comunicación", aunque el resultado ya estaba "escrito en el cielo antes de empezar a jugar: *Solteros*: 6, *Casados*:1" (Lamborghini, *Novelas y cuentos II* 18). El punto de casados venía generalmente de un 'penal premio', cedido a los veteranos por el equipo contrario, e influido por el hecho de que el encargado de personal vestía la camiseta de casados. A través de este 'penal premio' la coima se hace extensiva al partidito dominguero, en el que se siguen jugando – variable deportiva de por medio– las relaciones jerárquicas determinadas por el cargo empresarial de cada empleado.

Apenas empezado el partido el relato se ve invadido de chistes narcisistas yególatras que, en consonancia con el nombre de la empresa, 'Egometrix', expresan condensadamente un choque de egos que se miran y se miden re(celosos). "Les bastaba a *Solteros* cansar y perturbar al capitán y a dos o tres de los más respetables del equipo rival" con sus bromas pesadas, para trastornar a todo el equipo y disfrutar aún más la anticipada victoria (17). Nal, el arquero de casados, era el destinatario de la mayoría de los chistes de *Solteros*, pero los mismos iban más allá de la situación del partido, no apuntaban a sus dotes como arquero sino a cierta desproporción corporal de éste: Nal era "culón" y, por ende, blanco fácil de todos los chistes. "Lo cierto es que para él era un día difícil. Con los pantaloncitos del equipo, las [...] resaltaban todavía más, así como el peso de las bromas aumentaba" (17). Por ejemplo, cada vez que salvaba el arco de un gol y evitaba darle un punto más al equipo contrario, le hubiera gustado que todos aplaudieran, y algunos así lo hacían, "pero nunca faltaba una serpiente entre estos últimos, que cascabeleara, pero a los gritos: *–¿Vieron eso muchachos? Te pasaste Nal, ¡al Culón, al Culón, al Culón!* (18).

Estos chistes no habitan en el intersticio en que el lenguaje se torna ambivalente y paradójico; tampoco convocan el tropiezo discursivo, el equívoco, los olvidos y los malos entendidos. Por el contrario, el humorególatra que invade el relato apunta al triunfo del narcisismo, y a la afirmación victoriosa de la invulnerabilidad del Yo ante el otro. La toma de distancia que separa al yo del enunciado del yo de la enunciación en la ironía, brilla por su ausencia. Por el contrario, el chiste funciona a manera de sutura entre el yo del enunciado y el yo de la enunciación, sosteniendo la ilusión de una unidad yoica en absoluto control de lo que dice. El chiste narcisista yególatra funciona como un distintivo de hombría, control y dominio, que se afirma en la broma pesada, la tomada de pelo y la burla al otro.

Sin embargo, la caída vergonzante de la prestancia yoica y el traspié en el lenguaje irrumpen de todas maneras y a pesar de todos los reparos. Una vez terminado el partido, la ingesta de alcohol aumenta "las pioladas y las bromas de mal gusto", y el clima de la reunión es llevado adelante por aquellos "acostumbrados al naranjín, pero que la juegan de campeones del vinacho" (19). A las tres copas ya estaban en pleno show, abrazándose con todo el mundo y "manifestando sus preferencias por el género sentimental" (19). La expresión popular es "manifestando sus preferencias por el género opuesto", pero irónicamente Lamborghini señala que sus alcoholizados personajes empiezan a mostrar sus preferencias por el mismo género. Algunos encontraban complejas formas de demostrarse cariño y llevándose a sus colegas aparte les decían en plan confesional: "–Mirá, hermano, yo te quiero tanto, que te lo juro por mi madre, te chuparía la pija si fuera puto, si, te lo juro, y vos sabés que yo no soy puto" (20). Este tipo de declaraciones creaba problemas porque, siguiendo la lógica del uso del condicional, su interlocutor le respondía: "–Y vos sabes que yo estaría a tu disposición: lo primero que haría al levantarme a la mañana sería enchufártela en la boca. Te digo más, me quedaría sin trabajo, porque te inundaría de leche la garganta en la misma jeta del Gerente General" (20). Ante lo cual aumentaba el tono de las aclaraciones del primero remarcando su uso del condicional; y a éstas le seguían las acusaciones del segundo "que quería comérselo vivo al incoherente de mierda" quien, igualmente ofendido, contestaba el contraataque con más ofensas: "chupapijas", "carne de chancho", "bufarrón", "¿Qué marca de corpiño usas?" (20-21). Acto seguido empezaban a volar las trompadas, lo que captaba la atención de todos los presentes.

En el particular tono que caracteriza su escritura, Lamborghini parecería afirmar junto con de Man citando a K.W.F. Schlegel: " […] las palabras se comprenden mejor entre ellas que por quienes hacen uso de ellas" (de Man 256; Schlegel 364). Y agrega:

> Estás escribiendo un argumento filosófico espléndido y coherente, pero he aquí que lo que verdaderamente estás describiendo es un contacto sexual. O le estás escribiendo a alguien una excelente alabanza y sin saberlo, precisamente porque las palabras tienen su propio modo de hacer las cosas, lo que estás verdaderamente diciendo es un puro insulto y una obscenidad. He aquí una máquina, una máquina textual, una determinación implacable y una total arbitrariedad […] (256–257)

Las palabras dicen cosas que para nada son lo que uno conscientemente quería decir. Como sostiene de Man, la palabra:

> es una circulación fuera de control, no como la naturaleza sino como el dinero, que es pura circulación, la pura circulación del juego del significante, y que como saben es la fuente del error, la locura, la estupidez, y de todos los otros demonios. (256)

El humor lamborghiniano abre la instancia para que sus personajes digan sin quererlo, y sin saberlo, más de lo que dicen. La irrupción de la homosexualidad latente en aquellos abocados a confirmar constantemente su hombría, en chiste, y dispuestos a defenderla, a las trompadas, es uno de los elementos utilizados por Lamborghini para quebrar la fachadaególatra del Yo. La homosexualidad, fuertemente rechazada por el Yo, al igual que el prontuario de aberraciones pornográficas que invade sus textos, se transforma en traspié vergonzante de la embestidura fálica, omnisapiente y omnipotente.

La imposibilidad de control absoluto sobre el lenguaje que acontece en la narrativa impone una fractura en la relación de saber y de poder con uno mismo y con el otro. Este traspié tiene implicancias en dos niveles; uno de ellos atañe a la construcción de la identidad masculina, el otro a la construcción de la identidad nacional, ambas fuertemente asociadas con un imaginario de nación. Como propone Giorgi, a fines del siglo diecinueve en la Argentina, como en varios países de América Latina, los proyectos de modernización y consolidación de los Estados nacionales se apoyaron en categorías de salud y normalidad, que moldeaban la identidad masculina y regulaban las sexualidades legítimas (324). Por ende, toda identificación nacional debía medirse por estos parámetros. Vestigios de la fantasía ideológica que sostenía varios de estos preceptos y regulaciones se continúan en la actualidad, cuando "[l]a pertenencia al género masculino funciona (al menos) como una promesa o una virtualidad de igualdad alrededor de ciertos privilegios sociales y culturales" (324). "La causa justa" parodia esta fantasía ideológica poniendo en escena a treinta hombres en pugna por afirmar cada uno su masculinidad y su jerarquía ante el otro. Sin embargo, un equívoco juguetón abre el espacio para la expresión de la homosexualidad como resto que amenaza ambas identidades, la masculina y la nacional. La homosexualidad distorsiona la ilusión de fraternidad masculina, el clima de "formamos todos una gran familia" característico del evento deportivo (Lamborghini, *Novelas y cuentos II* 19). La homofobia contrarresta la extrañeza inquietante introducida por la homosexualidad latente en el masculino ámbito del entrañable partidito de fútbol dominguero.

La situación se complicó aún más cuando irrumpió en la escena "un fanático de la verdad: el japonés ingeniero electrónico" (21). Con toda la calma Tokuro les dijo que irían todos a parar al hospital, e hizo para advertirlos demostración de sus habilidades karatecas, al partir por la mitad todas las sillas de madera. Todos los hombres corrieron a refugiarse en las duchas y trabaron la puerta, mientras Tokuro les explicaba lo siguiente: "[e]l que falta a la palabra falta al honor. El que hoy falta al honor traiciona al amigo, es capaz de traicionar Patria y Emperador" (21). A partir de ese momento su único cometido pasó a ser que la "Palabra Incumplida" se transformara en "Palabra Cumplida": "[u]sted le dijo señor Heredia al señor Mancini que le chuparía la pija tanto le quería. Yo no lo he visto" (22).

La mirada de Tokuro sobre los hechos ocurridos disloca los parámetros de identidad masculina manejados hasta el momento, introduciendo variables como faltar a la palabra y traicionar al amigo. El clima de fraternidad masculina se resquebrajó rápidamente; los veintinueve hombres encerrados en las duchas discutían la manera de salir del atolladero en que los habían metido "estos dos giles" (21).[30] El gerente de personal propone que Nal, por culón, por incitarlos a todos con sus nalgas, es quien debe cumplir a Mancini la palabra que Heredia le debe. Por supuesto, al japonés no le gustó nada este cambiazo que los hombres pretendían llevar hasta las últimas consecuencias; Tokuro no terminaba de entender la llanura del chiste, y los "llanuros" no podían comprender una sola palabra de lo que decía Tokuro. Para Tokuro, su hombría estaba puesta en cuestión por permitir que la palabra no fuera cumplida; por otro lado, "[e]ra cobarde y vergonzoso para ellos, veintinueve hombres, que un solo tipo, desarmado, los dominara" (25). El acto sexual que se daría cita entre los dos hombres preocupaba únicamente a Heredia: "hay que decirlo, Mancini fumaba con cara de hombre irresistible" (34). El tiempo pasaba, y algunos comenzaron a pensar que lo mejor sería darle un par de trompadas a Heredia para obligarlo a salir de las duchas y hacer lo que pedía el japonés; al fin y al cabo él los había metido a todos en este lío.

---

[30] Las duchas de los clubes deportivos son escenario de un sinfín de chistes que juegan con la presencia de la homosexualidad, en un ambiente en el que muy por el contrario se exalta la masculinidad tanto en los rasgos corporales como en la competencia deportiva.

En determinado momento se dieron cuenta de la solución y una nueva esperanza disolvió las divisiones y restauró el supuesto de igualdad fraterna entre los hombres: "¡Todo se trataba de un simple chiste!" (24). Entonces, a los gritos desde la ventana se lo comunicaron a Tokuro: "Si todos somos amigos y trabajamos juntos, nos ganamos el pan en la misma Empresa, lo de prometerse esas cosas es una costumbre de nuestro amado país, la Argentina ahora en guerra con el Imperio Británico"; y gritaron eufóricos todos al unísono, '¡*Argentina, Argentina, Argentina!*'"(24). La guerra como alegoría nacional salvaguarda la identidad masculina en peligro, y brinda una esperanza de unidad y reparo a los hombres acorralados en las duchas. En esta línea de pensamiento, la palabra incumplida que los acorrala al borde de la muerte es una "costumbre nacional" que se expresa en un populachero tono de chiste.

La Guerra de las Malvinas es la única referencia explícita al contexto sociopolítico de la época en la novela. La misma tuvo lugar en los últimos años de la última dictadura militar argentina (1976-1983) y guarda con ella una estrecha relación.[31] Desde 1980 los dirigentes del régimen dictatorial discutían una salida política a la dictadura que los favoreciera: "[l]es preocupaba la crisis económica, el aislamiento, la adversa opinión internacional y sobre todo los enfrentamientos intestinos, que a la vez dificultaban los acuerdos necesarios para la salida buscada" (L.A. Romero 229). En 1981 la crisis económica, desencadenada por la marcada devaluación del peso y la acelerada inflación, aumentó el descontento popular que empezaba a manifestarse públicamente; por ejemplo, en 1982, se realizó una importante movilización callejera de la CGT (Central del Gremio de Trabajadores). No obstante, el gobierno dictatorial continuó con las políticas de desregularización y desestatización, agudizando el desempleo y la pobreza. Del mismo modo, "pesaban cada vez más los reclamos por los derechos humanos que el gobierno intentaba minimizar tachándolos de 'campaña antiargentina'", con lo que pretendía ocultar el terrorismo de Estado (Romero 229). Desde fines de 1981 los militares

---

[31] La guerra de las Malvinas fue un conflicto armado entre Argentina y el Reino Unido iniciado el 14 de junio de 1982, cuando la Argentina desembarcó sus fuerzas armadas en las islas. Argentina había reclamado infructuosamente a Inglaterra la pertenencia de esas islas desde el momento en que fueron ocupadas por los británicos a manera de enclave colonial en 1833.

se vieron obligados a dar alguna respuesta a los familiares de las víctimas del Proceso. Un grupo de madres de desaparecidos comenzó a reunirse todas las semanas en Plaza de Mayo; marchaban con la cabeza cubierta con un pañuelo blanco, y exigían saber dónde estaban sus hijos. Como expresa L.A. Romero:

> [a]l pedir cuentas, combinando lo dolorosamente testimonial con lo ético, en nombre de principios como la maternidad, que los militares no podían cuestionar ni englobar en la 'subversión', atacaron el centro mismo del discurso represivo y empezaron a conmover la indiferencia de la sociedad. (228)

En este contexto, los altos mandos del Proceso consideraron la ocupación de las islas Malvinas como solución a varios de los problemas que estaban enfrentando. La guerra podía proporcionar a la cúspide militar una salida airosa de la dictadura; la lucha por un objetivo común permitiría unificar a las Fuerzas Armadas y dejar atrás desacuerdos internos, a la vez que reafirmaría su cuestionada legitimidad ante los ojos de una sociedad cada vez más desconforme. Obviamente, éstos no fueron los motivos que se dieron a conocer a la población sino otros que versaban sobre la soberanía nacional y exaltaban el patriotismo. El costo de esta ilusión de unidad fraterna ante un enemigo externo lo pagaron más de seiscientos muertos en los rangos más bajos de las fuerzas armadas argentinas, mayormente adolescentes de escasos o nulos recursos económicos.

Lamborghini escoge un hecho histórico en el cual la realidad se torna más irónica que cualquiera de sus ficciones, una muestra irrefutable del cinismo oficial y su generalización al resto de la sociedad. La escena anterior es una de las más emblemáticas del relato: veintinueve hombres vivando eufóricos a su amado país en guerra contra el Imperio Británico, encerrados en las duchas y a salvo de enfrentarse con Tokuro, el japonés fanático de la verdad. La misma deja al desnudo la guerra como fenómeno ideológico que brinda a estos veintinueve hombres –casados, solteros, jóvenes, viejos, ingenieros, encargados y mandaderos– una ocasión para vivar eufóricos por la Argentina, haciendo a un lado el terrorismo de Estado que venía perpetuando el régimen que la impulsaba.

El terrorismo de Estado se continúa en la guerra, con la diferencia de que en ésta el blanco son sus propios soldados. Los vivas a la Argentina se articulan en una desmentida de las muertes, las de antes, las de entonces, las de siempre. Los veintinueve hombres encerrados en las duchas actúan como si la muerte no existiera. Al tanto del interés particular oculto tras el patriotismo, aun así, no renuncian a la mascarada ideológica. Se aferran a la farsa, a la parodia, a pesar de saber acerca de la distancia entre la realidad social y el discurso oficial que la enmascara. De la misma forma, se aferran a la mascarada de los chistes ególatras y narcisistas en los que reafirman su masculinidad, o en los que montan su propia farsa. Lamborghini no atina a remover la máscara sino a subrayarla; va a picar justo allí, a la representación.[32]

En este punto del relato se abre una vez más el telón de una representación que ponen en escena el japonés y el polaco. Los espectadores son ahora los hombres encerrados en las duchas, ingeniándoselas para mirar por las hendijas de las ventanas. La escena da comienzo cuando Jansky, escondido con el resto, explica a los otros la moral de Tokuro diciendo: "morirá en su puesto de vigilancia" (Lamborghini, *Novelas y cuentos II* 25). Seguidamente, ofrece sus habilidades de boxeador para enfrentarse a Tokuro y terminar con todo aquel desagradable asunto. El nuevo enfrentamiento presenta varios puntos de contacto y cierta simetría con el episodio de *Hacer Teatro* que los mismos personajes performaban a manera de chiste. En su *Hacer Teatro* se hablaban en la lengua madre de cada uno, japonés y polaco, mientras que en esta ocasión, a pesar de hablarse en un lenguaje en común, el español, no pueden entenderse. Tokuro, disgustado con la idea de pelear entre ellos, le expresa a Jansky su aprecio diciéndole que no debían enfrentarse; pero Jansky, furioso con Tokuro, le anuncia que le va a romper la cabeza y empieza el combate. Dura poco, Tokuro mata a Jansky casi en el acto. Entre los espectadores, que querían apreciar los avatares del atípico combate, "la decepción fue

---

[32] Esta expresión proviene de una anécdota que cuenta Aira, en la que Lamborghini al releer a David Copperfield de Charles Dickens destaca el siguiente pasaje: "David acompañaba a su nodriza Peggoty a alimentar a las gallinas; ella les arrojaba cereal y las aves picoteaban [...] Pero el niño miraba los brazos pecosos de la mujer y se maravillaba de que no prefirieran picotear ahí" (Aira, *Novelas y cuentos* 9). Aira agrega que era como si para él toda la novela se volviera redundante por esa sola escena, la cual le recordaba al "cereal innumerable que se les puede echar a las gallinas para que ellas tengan (o no tengan, eso da lo mismo) la iluminación de ir a picar al punto verdadero, a la representación" (9).

tremenda. Hasta les impidió ponerse tristes por la muerte de Jansky"
(29). La comparación y el orden jerárquico entre el boxeo y el karate
era tema de largas disputas y acaloradas discusiones en la mayoría de los
cafés y las oficinas de Buenos Aires. El encuentro de los dos en un solo
espectáculo resultaba excitante para los hombres que esperaban ver un
combate encarnizado, a vida o muerte, entre un boxeador y un karateca.
La diferencia central entre ambos episodios –el de *Hacer Teatro* y éste–
es que éste culmina con la muerte de Jansky. Sin embargo, la muerte no
introduce un cambio en los espectadores. Mientras que en el *Hacer Teatro*
el sarcasmo está en que los testigos reaccionan a una pelea falsa como
si fuera verdadera, en este combate el sarcasmo está en que los testigos
reaccionan a una muerte verdadera como si fuera falsa. En esta ocasión
la realidad copia y repite la pelea simulada entonces. Como si hubieran
perdido el contacto con el mundo real a partir de la preeminencia de la
cultura de los medios masivos, el motivo del combate, que la palabra fuera
o no cumplida no le interesaba a nadie, "salvo en que parecía ser el factor
decisivo para gozar de otro espectáculo, el porno show entre Heredia y
Manzini" (29). Al igual que en los eufóricos gritos con los que los hombres
vivan la guerra de las Malvinas, en esta escena prevalece el espectáculo del
combate, como si éste ocurriera en un estudio de grabación de Hollywood.

Análogamente a lo que ocurre en la pelea simulada entre ambos a
la pelea real la invaden las acaloradas reacciones del público. En ambos
enfrentamientos ocurre un giro del escenario, a partir del cual los
espectadores dan el espectáculo. El Gerente General, por ejemplo, arrancó
con ira al mandadero de su lugar de vigía junto a la ventana y gritó:

> *¡Matalo, polaco! ¡Si quiere ver chupar pijas que se vuelva a Tokio! ¡Gracias a Dios*
> *los yanquis les rompieron bien el culo! ¡Lástima que no les tiraran cien bombas*
> *atómicas! ¡El karate es una mierda! ¡Hacéselo meter en el ojete!* (Lamborghini,
> *Novelas y cuentos II* 29)

Se arrepintió, luego, de haber tenido esta reacción ante sus
empleados, pero a éstos "su conducta populachera y guaranga les había
parecido de lo más natural" (29). En ambas peleas, al girar el escenario
hacia los espectadores, quedan expuestas la violencia, la xenofobia y el
racismo naturalizadas en un populachero tono de chiste. En palabras de

Lamborghini, es un "chiste que se anula a sí mismo por lo largo. Ya no se lo escucha: se habla de otra cosa" (19). Su escritura subraya estos puntos ciegos de la subjetividad que se invisibilizan por su persistencia; se reproducen y se perpetúan, ocultos sí, pero a la vista de todos, en la superficialidad del lenguaje. Se trata de automatismos, hábitos de pensamiento y de acción articulados a una "conducta populachera y guaranga", centrales en las configuraciones que rigen las formas de percibir, juzgar, hacer y actuar en la realidad social. De esta forma, en la cotidianidad del partidito de fútbol dominguero se articulan la tomada de pelo y la burla que sostiene el ideal de hombría de los siempre listos para la ofensa y la trompada; asimismo, se expresan enmascarados el racismo y la xenofobia política que estructura la realidad social en relaciones jerárquicas de dominación y sometimiento.

El espectáculo populachero y guarango dado por los espectadores reniega del límite real de la muerte, pero lo real sigue ahí, más allá de que se lo desestime. Esta dimensión heterogénea radical de "una experiencia irreducible al pensamiento" que nos remite a "lo previo, lo inevitable y a la vez lo inalcanzable", "no se manifiesta únicamente cómo vacío sino también como repetición" (Aira, "La innovación" 22: Lacan, *Los cuatro* xi). Si lo real es lo que no cesa de no inscribirse en lo imaginario y en lo simbólico, es a su vez lo que no cesa de retornar; aquello por lo cual ante el cadáver de su amigo Jansky, Tokuro pensó que ahora más que nunca debía hacer cumplir la palabra incumplida. El ambiente de las duchas se ponía cada vez más espeso, Heredia le lloriqueó a Mancini: "Vos sabés que yo no soy puto, no te podés prestar a esto [...] " (34). Pero Mancini terminó rápidamente con sus ilusiones diciéndole: "–Ya me tenés podrido Heredia con eso de que no sos puto, después de prometer que me ibas a chupar la pija. Ahora jodete" (34). Un ropero de músculos se impacientó y le acomodó a Heredia dos golpes en la boca del estómago que lo dejaron sin piernas, y el Gerente General y Mancini lo arrastraron hacia afuera. Tokuro ordenó que se cerraran las ventanas de las duchas "¡nada de contemplar con gusto acto indigno!" (34). Pero todos se las ingeniaron para encontrar una rendija "(¡se lo iban a perder!)" (35).

La escena termina con el Gerente General riéndose a carcajadas al imaginarse a Heredia, "ahora deshonrado como hombre", yendo a trabajar vestido de *"gheisa"* (35). "–Heredia vestido de gheisa [...] hasta tendría gancho para un aviso por televisión: *"Para esos días tan femeninos [...]"*. Tokuro se puso pálido, era evidente que reprimía su furia, una vez más, no entendía el chiste y no encontraba nada cómico en la escena:

> miró el cadáver de Jansky, y también (no pudo evitarlo) a Heredia, a quien la leche se le escapaba a hilitos por la comisura de los labios. Pero la indignación lo paralizó (si no lo hubiera matado) cuando volvió la vista hacia Mancini, quien tirado sobre el pasto con mirada ensoñadora, dejaba que un cigarrillo se consumiera en su mano derecha, mientras la izquierda, absorbida por el recuerdo de recientes placeres, se demoraba acariciándose la bragueta. (36)

Tokuro, personaje que encarnó en su rareza la distancia irónica que subrayaba la xenofobia, el racismo, la homofobia y el cinismo de los llanuros, se encuentra ahora impotente, a merced de esta inmensa llanura de muertos y chistes que no acabaría nunca de comprender. Le bastó "una nueva mirada al cadáver de Jansky para sentirse vencido, completamente vencido" (36). Y en este punto del relato reaparece Sullo: *"Perdida la silla de ruedas,* y por ahora en la maceta, Sullo apostó: no se trataba ahora de un chiste largo sino de una muerte nítida como un tajo" (28).

Varias son las simetrías entre estos dos personajes y sus historias. Al igual que Sullo, Tokuro es también, por momentos, linotipista. Al no ser el español su lengua materna, y tampoco manejarlo con la fluidez de una segunda lengua, su lógica de pensamiento queda pegada al espesor significante: trata a las palabras con la fijeza que se le otorga a las cosas; por ejemplo, al quedar pegado al significado literal de lo que para el resto funciona como un chiste. No puede entender cómo ciertos dichos y dicharachos no expresan el significado literal de las palabras que involucran sino que significan de forma metafórica o metonímica, y juegan con la ambivalencia y la dispersión del lenguaje. Cuando el Gerente le propone a Heredia ir vestido de *gheisa* a la empresa, ya que tendría atractivo para un aviso publicitario "–¿Usted cree, señor Gerente?– preguntó Tokuro, completamente compenetrado con la idea y considerándola. Ya se había puesto a calcular los costos" (36).

A diferencia de Jansky, quien a pesar de ser polaco "sabía perfectamente el castellano", su manejo precario del idioma le permite escuchar a la letra, y subrayar allí donde los "llanuros" terminan diciendo, sin querer, más de lo que dicen: allí donde ese chiste, que se anula a sí mismo por lo largo y al que ya nadie escucha, sigue oculto a la vista de todos generando efectos racistas, homofóbicos y xenófobos (38). Al igual que a Sullo, la distancia con los códigos culturales y sociales lo ubican en el lugar del gran cómico, emblema del extranjero que no acaba nunca de llegar: un anacronismo ante el cual el tiempo parece no tener efecto, "un loco para quien la historia se había detenido hacía dos mil años", insistente como un fantasma proveniente del pasado en el castigo que merece todo aquel que falte a la palabra y traicione al amigo, Patria y Emperador (25). En palabras de J.L. Borges, diríamos que "[a] la realidad le gustan las simetrías y los leves anacronismos" (522).

Asimismo, podríamos pensar que "La causa justa" es una parodia del cuento "El Sur", ya que al igual que en "La causa justa" en la escena final de "El Sur" participan únicamente hombres; el alcohol propicia el ánimo de la pelea; una broma pesada, un chiste de mal gusto con unas migas de pan, pone en juego la hombría, la dignidad y el honor de los contrincantes e incita a Juan Dahlman a batirse a duelo con uno de los chistosos alcoholizados; y la pelea lleva a Dahlman a la muerte. Quizás Tokuro, al igual que Dahlmann, había estado al borde de la muerte en la pelea, pero eligió para sí una muerte soñada, digna y honorable; pero se trata de un sueño que incursiona en las fantasías ideológicas que lo conducen, una y otra vez, a una escena que se repite burlonamente enfrentándolo con su muerte y, por ende, con la historia de su vida, con su miseria y la de toda una época.

Tokuro, al igual que Sullo, y que Dalhman, se encuentra a merced de la llanura del chiste, impotente ante la ironía y el cinismo de los que lo rodean, quebrado, vencido, completamente vencido. Tokuro, ex jefe de ocupación de Filipinas y educado Samurai, asiste al derrumbe del soporte ideológico de su accionar, que se tambalea ante lo irreductible al pensamiento, lo previo y lo inevitable que no se manifiesta únicamente como vacío sino también como repetición: el cadáver de su único amigo Jansky, las risas del Gerente General, la humillación de Heredia y el goce de Mancini. "Porque cada uno había pasado lo suyo en la vida, y ahora, que todo parecía haberse tranquilizado, tenía que reaparecer, como un fantasma *Lo Suyo en la Vida*, otra vez" (Lamborghini, *Novelas y cuentos II* 23). Recordó un folleto, titulado La causa Justa, editado por La Causa Imperial, que recibió al estar en el frente de batalla en Filipinas.

> El razonamiento principal de aquella vieja *literatura* era que sólo se debía acudir a la violencia cuando existía una causa justa. Pero que una vez tomada la decisión, todos, todos sin excepción los que se cruzaban en el camino entre el que reivindicaba su honra, su orgullo o su propiedad, debían recibir el trato que le cupiera al criminal cuando fuera hallado. (27)

La Causa Imperial se expresa en un lenguaje sin ambivalencias, sin equívoco, emblema de una tradición moral a la que se atribuye un significado absoluto, sin lugar a dudas. Paradójicamente, la fijeza y la certeza de la palabra en la que se expresa La Causa Imperial, La Causa Justa, incurre en un nacionalismo exacerbado que no admite cuestionamientos. "Cuando se abatía a un enemigo, cuidando no perder el aspecto marcial, todos los pensamientos del soldado japonés debían centrarse en la grandeza de la Patria y el emperador" (27). Sin embargo, ante la muerte de Jansky, nítida como un tajo, Tokuro se pregunta:

> qué pasión se exaltó en combate y cometió pecado de olvidar inteligencia. Gran pecado y mata a un muchacho, lo confunde con criminales. Entonces, si Tokuro no entendió *La causa justa*, toda su vida fue el gran guerrero de una vida equivocada. Gran pecado de inteligencia y también de moral. Pecado que empezó en niñez y juventud. Pecado de vanidad y de cobardía también. (37)

Paradójicamente, al cumplir con *la causa justa* Tokuro redunda en el nacionalismo exacerbado, la vanidad y la cobardía que podría adjudicársele a los veintinueve chistosos escondidos en las duchas. A diferencia de éstos, que no reparan en la ideología que reproducen y perpetúan, en forma de chiste, para Tokuro el cadáver de su amigo Jansky introduce una extrañeza inquietante en las certezas milenarias casi axiomáticas de *La causa justa*. Ésta "era culpable de muchas de las crueldades niponas durante la guerra" (27). La intransigencia y el dogmatismo de aquel folleto se torna en algo "¡Complicadísimo!" para Tokuro, quien subraya, una vez más sin quererlo ni saberlo, una ironía que ahora va de *Sullo*: atañe a sus propias creencias (27). Ahora extranjero en su propia ideología, Tokuro corre el riesgo de verse a sí mismo formando parte de una máquina de muerte, plagada de puntos ciegos, creencias, goces y fantasías finalmenteególatras, que se amalgaman con un nacionalismo exacerbado.

Por otro lado, en la lejanía y la extrañeza de la historia de Tokuro el lector está invitado a reconocer algo demasiado cercano: las crueldades niponas son una analogía de las crueldades del gobierno de facto por el que transitaba la Argentina: una máquina de muerte que irónicamente se enmascara en una causa justa que exacerba el nacionalismo. Por ende, el extranjero irrumpe en la familiaridad cotidiana desnaturalizando hábitos de pensamiento y de acción del lugar que visita. Pero además, trae consigo la extrañeza inquietante de una problemática percibida como ajena y lejana, que sin embrago conforma el núcleo traumático de la historia argentina: una ética que no redunde en muertos. Tokuro no encuentra salida a este meollo complicadísimo; se suicida con el cuchillo para asados cuidadosamente afilado. Antes de suicidarse recuerda de su pasado lejano un momento en el que habían apresado a un grupo de partisanos que serían fusilados; él mismo había firmado la orden y comandó el pelotón de fusilamiento.

> Pedidos de piedad, mutismo aterrorizado, llanto, escupitajos de odio, hasta risas (por un momento, una carcajada lo hizo sentir ridículo). El más raro de todos: uno que parecía preocupado por un solo problema: si tendría o no tiempo de terminar de fumar su cigarrillo. (43)

Esta pequeña fábula centrada en el gesto del más raro es emblemática de "La causa justa" y, a la vez, podríamos resumir toda la literatura lamborghiniana en esta risa desconcertante que subraya la fiesta del crimen y la sangre.

En suma, la muerte de Tokuro parodia la muerte de un personaje trágico signada en una ética perversa que enmascara en su *causa justa* una máquina de muerte, plagada de puntos ciegos, fantasíasególatras y un nacionalismo exacerbado. Esta tensión se mantiene a lo largo del relato, compuesto por pequeñas fábulas que se continúan, a pesar de su discontinuidad, y que se relacionan con el contexto político de la época, a pesar de hacer estallar el verosímil realista en una parodia caricaturesca que lleva la hipérbole a su máxima expresión. El linotipista, el gran cómico, el poeta y el extranjero, introducen una extrañeza inquietante que abre el espacio para el advenimiento de lo siniestro freudiano: allí donde reconocemos en lo íntimo y familiar algo ajeno, peligroso y amenazante. Junto con un maestro agonizante, que no acaba nunca de morir, la narración (re)visita situaciones cotidianas en las que hacen gala la violencia verbal y física, el racismo, la xenofobia política y la homofobia: en las que "[e]l horror de Buenos Aires, ciudad, supera a Buenos Aires, donde sólo el horror" (19).

La hipérbole de las referencias pornográficas y las "malas palabras" se asocia con el abuso en las relaciones sociales de dominación y sometimiento encarnadas en oficiales de la ley, gerentes y comisario, pero también en compañeros de trabajo y transeúntes. Lamborghini pone en cuestión la ideología a través de la burla y la risa, y asume de esta manera lo que en ella hay de escatológico y obsceno. La risa del partisano a punto de ser fusilado es el gesto emblemático de su literatura; tan irrisoria como desafiante, realiza una puesta en cuestión de la ideología de su época y sigue constituyendo una aguda crítica a la subjetividad contemporánea. "–Bueno, amigo Sullo, silencio. Usted tiene razón, el chiste es largo, o tal vez nunca hubo uno tan breve como el de llamarle chiste a lo que impone cambiar la eternidad, estilos" (Lamborghini, *Novelas y cuentos II* 11).

Capítulo 3

La infancia extrañando al dinero y al lenguaje en Potlatch, de Arturo Carrera[33]

> Todo es acto de fe, fenómeno de crédito o de confianza, de creencia y de autoridad convencional en este texto que puede ser que diga algo esencial a propósito de lo que conecta aquí a la literatura con la creencia, con el crédito y, por lo tanto, con el capital, con la economía y, por ende, con la política
> —Jacques Derrida, *Dar (el) tiempo.*

> ¿Que no necesitamos poetas, sino alguien que reivindique su autodeterminación como criatura económica?
> —Carrera, *Potlatch.*

En este capítulo propongo una lectura en dos ejes del libro de poesía sobre el dinero, *Potlatch,* de Arturo Carrera. Por un lado, enfatizo en los relatos, los mitos, los rumores que componen una narrativa fragmentada y generalizada, en la cual se reproduce y se perpetúa el dinero como objeto sublime rector del intercambio social. Por otro lado, la poesía de *Potlatch* bordea los equívocos, los quiebres y las fisuras de esta narrativa, incursionando en las fantasías, las creencias y los goces que se amalgaman en el dinero. Este doble movimiento es habilitado a través de la mirada de un niño que desnaturaliza los discursos en torno al dinero, e incursiona en lo irracional y bizarro, lo no (re)conocido de las narrativas en las que se sostiene. En *Potlatch* la infancia ocurre extrañando al dinero y al lenguaje. Su poesía trae una "palabra de la infancia (y no una palabra sobre la infancia)" (Nicolás Rosa 158); la misma proviene de un niño en medio de un diálogo entre mayores, una situación en la cual el niño escucha el diálogo de los mayores, sus historias en torno al dinero; pero también escucha los quiebres, los equívocos y las incongruencias de las mismas.

---

33 Partes de este capítulo fueron publicadas en el artículo de la autora "La infancia extrañando al dinero y el lenguaje en *Potlach* de Arturo Carrera" (315-331).

A través de la subjetividad infantil Carrera subraya los quiebres y las fracturas en la sutura de sentido que sostiene el fetichismo del dinero, para explorar las fantasías, los goces y las creencias, comúnmente no (re) conocidos que lo perpetúan como objeto sublime. En otras palabras, la curiosidad, la ignorancia, la torpeza y la desvergüenza propias de la subjetividad infantil habilitan su poesía a incursionar en los enlaces entre lo (re)conocido y lo no (re)conocido –aquello que excede al conocimiento y a la razón– respecto al dinero. Al igual que en Aira y en Lamborghini, la combinación del campo de lo infantil y de lo cómico permite avizorar hábitos de pensamiento y de acción comúnmente pasados por alto. Ésto introduce una extrañeza inquietante ante la presencia de algo no (re)conocido, percibido como ajeno y extraño, en el seno de lo íntimo y familiar de la relación que establecemos con el dinero (Freud, "Lo ominoso" 225). La infancia, en relación al dinero, trae consigo algo contingente e irrepetible, en que lo siniestro irrumpe amenazando la estabilidad de lo conocido.

A partir de *Arturo y yo* y *Children's Corner*, Carrera trabaja la infancia como vía regia para establecer un distanciamiento irónico con todo aquello que con pretenciosa certeza asegura el mundo de lo propio y conocido. Asimismo, el crítico Nicolás Rosa apunta al referirse a una coautoría de Arturo Carrera y Osvaldo Lamborghini, *El palacio de los aplausos*: "[t]oda esta literatura aniñada, no una literatura infantil, es una literatura perversa" (158). Habilitado por esta "inocencia infantil al menos sospechosa", Carrera aborda en *Potlatch* un resto que excede la sutura de sentido en la que se sostiene el dinero (Rosa 158).

En consecuencia, este capítulo no ofrece un tratamiento socioeconómico del objeto dinero sino que aborda la economía en su sentido figural, en sus predicados o valores semánticos irreductibles, entre los que se encuentran los valores de casa (*oikos*) y de ley (*nomos*). Como lo propone Jacques Derrida, *oikos* nos remite al mundo de lo propio y lo conocido: "es la casa, la propiedad, la familia, el hogar, el fuego de dentro" (*Dar* 16). Mientras que "*nomos* no significa únicamente la ley en general sino también la ley de distribución (*nemein*), la ley de la partición y la ley como participación (*moira*), la parte dada o asignada, la participación" (16). Estudiar los valores de casa y de ley, de partición y repartición, en la poesía sobre el dinero de Carrera, nos conduce a atender a otra tautología señalada por Derrida, la cual "implica ya a lo económico en lo nómico como tal" (16). Por ende, este capítulo es una lectura psicoanalítico-literaria de una tropología del dinero, que no nos remite al dinero en su carácter significante. Como propone Slavoj Žižek, nos interesa abordar el material sublime del que está hecho el dinero, "esa otra consistencia 'indestructible e inmutable' que persiste más allá de la corrupción del cuerpo físico, ese otro cuerpo del dinero que es como el cadáver de la víctima sadiana que soporta todos los tormentos y sobrevive con su belleza inmaculada" (*El sublime* 44).

Este otro cuerpo soportó en la historia argentina cinco cambios de nombres y perdió trece ceros. Como señala Héctor Schmucler, "desde que una primera ley, la 1130, estableció el Peso Moneda Nacional hacia 1891 la unidad monetaria cambió cinco veces de nombre y perdió trece ceros: un peso actual equivale a diez billones del signo monetario primigenio (10.000.000.000.000)" (8). Cada cambio en el nombre reactivaba la esperanza de soluciones permanentes para las sucesivas crisis económicas y la resquebrajada trama social.

Carrera menciona en *Potlatch* diferentes momentos de esta historia económica y política: el año 1954, a fines de la segunda presidencia de Juan Domingo Perón, en torno al ahorro en el ámbito escolar; el año 1991, en torno a la ley de convertibilidad de la línea Austral a la línea Pesos Argentinos; el año 2001, enfrentados a una de las mayores crisis económicas, sociales y políticas de la Argentina; y el año 2004, contexto de una controvertida y problemática recuperación. Es de notar que *Potlatch* se publica en el escenario histórico posquiebre 2001, en el cual quedan al descubierto de forma privilegiada los equívocos y las incongruencias de la política económica que lleva a la crisis.

En la primera sección de este capítulo propongo que la poesía de *Potlatch* aborda lo que el escritor Ricardo Piglia plantea como el "único enigma que proponen –y nunca resuelven– las novelas de la serie negra, el de las relaciones capitalistas: el dinero que legisla la moral y sostiene la ley" (*Crítica* 70). Más allá de que las poéticas de Piglia y Carrera no se vinculen, al igual que *Plata quemada*, *Potlatch* inscribe un enigma en el núcleo de relatos y narrativas sociales en que "todo se paga" (Piglia, *Crítica*

70), a partir del cual surgen las creencias y las prácticas sociales en las que el dinero se articula como objeto sublime. Me detendré brevemente en dos escritos de Piglia: el ensayo "Teoría del complot" y la novela *Plata quemada*, como antecedentes emblemáticos en la tradición de la literatura argentina que trabajan con la materialidad simbólica e indestructible del dinero. En la segunda sección, me centro en los que denomino "ritos de iniciación a la lógica del dinero en la infancia" en la poesía de *Potlatch*. A través de éstos recorro espacios de intimidad familiar en los que el dinero cobra particular importancia, a veces con vistas a la circulación, otras veces con la intención de la acumulación, y otras simplemente como una forma de nominación, partición y repartición del mundo. Destaco narrativas de ahorro que circulan en las escuelas públicas intentando capturar y domesticar el deseo del niño que no se cifra totalmente en la moneda. La infancia se presenta como resquicio que guarda una "familiar extrañeza" hacia la lógica del dinero, lo cual nos habilita a avizorar el equívoco y el tropiezo en las narrativas económicas que la cercan.

En la tercera sección, el foco son las narrativas en torno al gasto y al derroche. A través del análisis del poema "Casa Nervi", desde una perspectiva psicoanalítica, lo que a simple vista parecería una práctica contraria al ahorro revela su punto de contacto en un imperativo de goce. El potlatch es un rito de intercambio de los nativos de la costa noroeste de América, comúnmente asociado al gasto y al derroche pero también al imperativo que se anuda en la cadena de deudores y acreedores. A partir de este rito, Marcel Mauss desarrolla su trabajo sobre el don, el cual, articulado con las teorizaciones de Jacques Derrida sobre el mismo, resulta de fundamental importancia para la exploración de la extrañeza inquietante que introduce *Potlatch* en las relaciones con el dinero.

En la última sección, propongo una lectura de los poemas "Potlatch chino" y "Títere de la moneda". El primero introduce las creencias, los fetiches y los mitos asociados al rito del potlatch en el corazón de la economía moderna globalizada. Subraya la percepción de la economía como un ente autónomo enmascarado de libre albedrío en la tan mentada y profundamente ideológica 'libertad de mercado', en la cual, cínicamente, hacemos como si las relaciones de dominio y sometimiento no regularan la partición y la repartición de bienes. Por su parte, "Títere de la moneda" nos remite a la doble atadura del don como el punto donde se restaura el enigma en la cadena de intercambios, aquello que perteneciendo a ésta excede y subvierte su lógica.

PLATA QUEMADA Y LA "TEORÍA DEL COMPLOT" AL FILO DEL FETICHISMO

Al postular al dinero como fetiche social por excelencia, *Plata quemada* inscribe un enigma en la figura del dinero concebido como objeto sublime que rige el intercambio. Por un lado, el dinero se presenta en su aspecto de autoridad, de ley que coercitivamente fuerza el reconocimiento de su valor. Sin embargo, el reconocimiento de su valor no requiere generalmente del uso de la fuerza bruta o la coerción. Se sostiene en prácticas sociales, hábitos y creencias que se articulan en una narrativa fragmentada y generalizada que reproduce y perpetúa el valor del dinero; pero no me refiero al valor económico de una determinada divisa sino al lugar del dinero en la intersubjetividad como figura rectora del intercambio. Por ende, se hace indispensable un acercamiento a la otra cara del dinero: elemento que forma parte de una red de relaciones sociales en las que cobra valor y existe como tal. La noción marxista del fetichismo de la mercancía, una de las teorías del valor económico, pone de relevancia ambos aspectos del dinero: su autoridad como ley propia de un objeto sublime y su carácter relacional, y es fundamental para el subsiguiente análisis.

Plata quemada, publicada en 1997, relata una historia real que ocurre entre el 27 de septiembre y el 6 de noviembre de 1965, entre Buenos Aires y Montevideo: el robo a un banco y la quema del botín por los ladrones. Malito, el jefe de la banda, decide no repartir el dinero robado con los miembros de la policía y el juzgado bonaerense, y escaparse a Montevideo con sus compañeros y el botín. Ante tal decisión, Nando, otro de los miembros de la banda, le dice: "Estás chiflado, te van a denunciar al toque". A lo que Malito responde: "Nando, si les doy la mitad de la mosca a esos tipos que no hicieron un pomo mientras nosotros nos jugábamos las pelotas —sonrió Malito—, ahí sí que estaría loco" (65). Una vez en Montevideo, terminan atrincherados en un apartamento y asediados por la policía que tiene rodeado el lugar, desde hace horas, esperando que se entreguen junto con el botín. Momento en el que Dorda, otro integrante de la banda, comienza a quemar el dinero y arrojarlo prendido fuego por la ventana del baño diciendo:

> Quemar plata es feo, es pecado [...]. Pensar que para ganar un billete como este, un sereno, ponele, el tipo tiene que trabajar dos semanas [...] y un cajero de banco, según la antigüedad puede tardar casi un mes, para recibir un billete como este a cambio de pasarse la vida contando plata ajena. (189)

Los tres millones de pesos se transforman en papeles prendidos fuego que vuelan por una ventana, a cambio de los que algunos matan, otros se hacen matar y otros pasan la vida contando plata ajena. Mientras la imagen destaca la materialidad del dinero como papel que puede prenderse fuego, el diálogo destaca el trabajo como mercancía que únicamente cobra valor social al ser intercambiado por dinero. La escena y el diálogo hacen visible lo que generalmente pasa desapercibido: "el carácter misterioso de la forma mercancía estriba, por tanto, pura y simplemente en que proyecta ante los hombres el carecer social del trabajo de éstos como si fuese un carácter de los propios productos de su trabajo" (Marx 62). El valor de cambio, que es la manera social de contar el trabajo invertido en la fabricación de un objeto y que, por lo tanto, sólo tiene una realidad social, ha llegado a ser tan familiar para todos que parece ser –como la forma moneda para el oro y la plata– una propiedad intrínseca de los objetos. El aspecto misterioso de la forma mercancía consiste en que proyecta ante los hombres el carácter social del trabajo de éstos como si fuese un carácter material de los productos de su trabajo; por ejemplo, que una manzana cueste alrededor de cinco pesos parece una característica natural como su peso u otras de sus propiedades físicas. Es la relación social entre los hombres que se materializa en la relación entre las cosas, donde el dinero actúa como emblema de la mercancía en tanto equivalencia generalizada.

El producto superior en que se desarrolla el cambio de mercancías es el dinero, motivo por el cual el fetichismo de la mercancía encuentra su punto máximo en el fetichismo del dinero: mercancía absoluta, puro valor de cambio. El dinero como fetiche aparece en la realidad material inmediata como la encarnación de la riqueza. Actuamos como si el valor del dinero fuera una condición natural del objeto dinero en sí mismo, en su materialidad de moneda, billete o tarjeta. El fetichismo del dinero implica una desmentida de las relaciones sociales de dominio y servidumbre en las que se encarna su valor, las cuales, a su vez, perpetúa. Asimismo, el fetichismo implica una desmentida de las creencias, las fantasías, los goces, las costumbres y las narrativas que legitiman el dinero como objeto sublime rector del intercambio. El dinero es la apariencia material que se da a un fenómeno puramente social. En él se oculta el hecho de que el valor de cambio es un elemento en una red de relaciones sociales. Como propone Žižek, el fetichismo de la mercancía consiste en un falso reconocimiento con respecto a la relación entre una red estructurada y uno de sus elementos: "aquello que es realmente un efecto estructural, un efecto de la red de relaciones entre los elementos, parece una propiedad inmediata de uno de los elementos" (*El sublime* 50). Este desplazamiento, ideológico *per se,* consiste en un falso reconocimiento con el que ciertos elementos de la red que estructuran la realidad social parecen no depender de su relación con el resto.

Al igual que la poesía de *Potlatch, Plata quemada* pone de relevancia la materialidad simbólica del dinero; no la materialidad en tanto objeto-cosa, sino su materialidad significante en tanto elemento que cobra valor en la red estructural de la cual forma parte.

> El valor no lleva escrito en la frente *lo que es.* Lejos de ello, convierte a todos los productos del trabajo en jeroglíficos sociales, pues es evidente que el concebir los objetos útiles *como valores* es obra social suyos, ni más ni menos que el lenguaje. (Marx 64)

El acto de la quema del dinero subraya su carácter de jeroglífico social. Justamente en el momento en el que amenaza con desaparecer prendiéndose fuego se hace visible la materialidad significante del dinero, que persiste intacta. Punto en el cual surgen en el relato las narrativas, las creencias y las prácticas sociales en las que se articula como significante primario: como objeto sublime que controla y rige las relaciones sociales sin que éstas parezcan tener sobre él ninguna influencia.

El pueblo montevideano reunido en la calle o frente al televisor reacciona a la quema de los billetes con indignación. "Si la plata es lo único que justificaba las muertes y si lo que han hecho lo han hecho por plata y ahora la queman, quiere decir que no tienen moral ni motivos"

(Piglia, *Plata* 192). A partir de ese acto se podía esperar cualquier cosa de criminales "capaces de tamaño despropósito" (191). Finalmente la prensa distribuye la idea de que "quemar dinero inocente es un acto de canibalismo", y lo definen como "un acto nihilista y un ejemplo de terrorismo puro" (191-192). El momento de la quema cuando se elimina aquello que rige el intercambio entre los sujetos, podría representar un momento de liberación, de subversión y de algarabía. Quebrar la ilusión del fetichismo del dinero, cuestionar el valor del dinero, amenaza con cuestionar la moral, la ley y el orden; más aún parecería atentar contra el pacto y la seguridad social. La quema de la plata pone en juego la cohesión misma de la sociedad. Si el valor del dinero es considerado como una propiedad natural del dinero en sí mismo, entonces cobra sentido la indignación, ¿cómo pueden quemar algo tan valioso como el dinero? El dinero funciona como significante maestro (S1), como clave en las formas de significar, percibir, juzgar y actuar en el mundo, y en última instancia como sutura del orden social. Aquí se encuentra planteado lo que Piglia define como el único enigma que proponen las novelas de la serie negra, el del dinero legislando la moral y sosteniendo la ley (*Crítica* 70).

Convengamos que el dinero ha devenido en la medida de casi todas las cosas. El punto es que en esta relación nada parecería determinar al dinero, el dinero es ya en sí el elemento todopoderoso de la equivalencia universal que se ubica fuera de la relación con los hombres.[34] Si el dinero ocupa el lugar de objeto sublime, la quema del mismo es, como lo expresan vecinos, periodistas y agentes de la salud, un acto amoral, en última instancia perverso, como si hubieran quemado una representación de Dios, y con ello al mismo Dios.

Un filósofo uruguayo es el único que se aleja de la opinión del resto respecto a la quema del dinero y considera el acto como

---

[34] Como propone Marx, un hecho análogo se observa en el mundo religioso, donde los productos del cerebro humano se convierten en dioses, toman el aspecto de seres independientes dotados de cuerpos propios que se comunican entre sí y con los hombres. Marx apunta que "para una sociedad de productores de mercancías, cuyo régimen social de producción consiste en comportarse respecto a sus productos como *mercancías*, es decir como *valores* y en relacionar sus trabajos privados, revestidos de esta forma *material*, como modalidades del mismo trabajo humano; la forma de religión más adecuada es, indudablemente, el cristianismo, con su culto del hombre abstracto, sobre todo en su modalidad burguesa" (67).

una especie de inocente potlatch realizado en una sociedad que ha olvidado ese rito, un acto absoluto y gratuito en sí, un gesto de puro gasto y de puro derroche, que en otras sociedades ha sido considerado como un sacrificio que se ofrece a los dioses porque sólo lo más valioso merece ser sacrificado y no hay nada más valioso entre nosotros que el dinero.[35] (Piglia, *Plata* 192-193)

Sin embargo, pensar la quema de la plata en analogía con un acto de puro gasto y de puro derroche, posicionarla como un rito absoluto y gratuito, ¿no ubica al dinero nuevamente fuera de la red de relaciones sociales en las que cobra valor? Si se trata de un sacrificio a los dioses en el que sólo lo más valioso merece ser sacrificado, el dinero ocupa igualmente el lugar de objeto sublime aunque sea materialmente destruido.

En un trabajo ensayístico titulado "Teoría del complot", Piglia presenta otra vertiente de relación posible con el dinero, en la cual la literatura de vanguardia tiene un importante papel. Piglia propone que cierta tradición de la novela argentina revela al complot como nudo de la política y a la manipulación como nudo del complot. "Si pensamos en algunos escritores centrales en el imaginario de la narrativa argentina como Arlt, Borges y Macedonio Fernández, podríamos decir que es alrededor del complot que se constituye su ficción" (Piglia, "Teoría" 16). Piglia los denomina escritores de vanguardia, en relación a la disrupción que generan sus obras en las normas valorativas de la producción literaria de la época. Asimismo, destaca como característica común que la política no aparece tematizada directamente en sus obras. Ninguno de estos escritores tematiza la realidad política de la Argentina como tal, ni los hechos sociohistóricos relevantes al contexto de su obra. Refiriéndose a Arlt, señala que su escritura "capta la existencia del complot como lógica del funcionamiento de lo social más que de una sociedad propiamente dicha" (17).

El juguete rabioso es una de las obras de Arlt mencionadas por Piglia para ilustrar la forma en que la literatura argentina ha destacado el

---

[35] El *potlatch* es un ritual de intercambio de los nativos de la costa oeste de Norteamérica en el cual un jefe, para probar su poder y su jerarquía tribal ante otro jefe, tiene dos opciones: realizar un banquete festivo que puede durar semanas y hasta meses en el que participa toda la tribu, o quemar y tirar al río una cantidad semejante de alimento, frazadas y demás bienes que serían utilizados para el banquete. Trabajaré este ritual de intercambio en las siguientes secciones.

complot como nudo de la política. El personaje central de la novela es manipulado por fuerzas sociales que adquieren las características de una conspiración destinada a controlar su destino: "A mis oídos llegan voces distantes, resplandores pirotécnicos, pero yo estoy aquí, sólo, agarrado por mi tierra de miseria como con nueve pernos" (Arlt, *El juguete* 42).

De la misma manera, los personajes de *Los Siete Locos* son conspiradores; uno de ellos afirma: "Mi idea es organizar una sociedad secreta, que no tan sólo propague mis ideas, sino que sea una escuela de futuros reyes de hombres" (Arlt, *Los siete* 56). Asimismo, Piglia menciona dos cuentos de Borges: "Tlon, Uqbar, Orbis Tertius" y "La lotería en Babilonia". En el primero, destaca la constitución de una sociedad secreta que crea un universo alternativo: otra realidad que alcanzamos a avizorar apenas al final del cuento. En el segundo, destaca la formación de una organización conspirativa que secreta e invisiblemente rige las vidas y las experiencias públicas y privadas de los miembros de la sociedad. "El estado organiza una vasta maquinación para determinar la experiencia de vida de los sujetos a través de sorteos periódicos" que incluyen a toda la población (Piglia, "Teoría" 17). Los mismos comienzan sorteando premios económicos y terminan sorteando formas de vida, bajo la idea aceptada del azar. El cuento no revela únicamente la conspiración que rige la distribución de los bienes que se conceden, o se restringen, a cada participante, sino la manipulación y la homogeneización de sus creencias y sus formas de gozar. La manipulación y la homogeneización se llevan adelante mediante un contrato oscuro que, paradójicamente, mantiene la forma de un sorteo en el que se destacan la transparencia y la visibilidad pública.

Esta literatura da entrada al complot político en la ficción, pero en el mismo movimiento descubre la presencia de la ficción en el complot político y económico. A partir de la simultánea implicación de la ficción en el complot y del complot en la ficción, Piglia propone "un punto de articulación entre prácticas de construcción de una realidad alternativa y una manera de descifrar cierto funcionamiento de la política" (Piglia, "Teoría" 16). Más allá de corroborar la omnipresencia y la omnipotencia del complot económico y político, el autor apuesta a un contracomplot que surge de la práctica artística y literaria. Piglia adjudica al contracomplot una combinación de secreto y de amenaza, de conjura y debilidad extrema y solitaria. Culmina afirmando con el escritor argentino-polaco Witold Gombrowicz que la comunidad de artistas y escritores tiene por objetivo "generar una economía propia con su propio sistema de valor y de intercambio" (Piglia, "Teoría" 21). Ésta era la obsesión de Arlt:

> hacer plata en el sentido literal, fabricarla. Ya que el estado manipula la circulación y el flujo sería posible imaginar una sociedad alternativa, un grupo que establece su propia economía. Habría mucho que decir sobre esto, me parece que el Proyecto Venus está en esa línea, crear una moneda, un medio de intercambio que actúe como la poesía, es decir que establezca trueques, formas de valor, un sistema metafórico de canjes y prestaciones.[36] (Piglia, "Teoría" 19)

Piglia convoca a integrar pequeños círculos que construyan, en torno al arte, una economía cerrada, "una economía regulada por el goce y por los intercambios improductivos" (Piglia, "Teoría" 20). En otras palabras, apela a formar comunidades que establezcan su propia economía en torno al arte concebido como fábrica de valor, como gestor de formas de equivalencia que hacen a un sistema de valor. "Así define la poesía Gombrowicz, como una convención y un lazo social y un sistema de crédito, esto es, de creencias" (19). La vanguardia actúa sobre el sistema de crédito, sobre las creencias y sobre el conocimiento con el que se articula la creencia en una determinada forma de intercambio. "La lucha de la vanguardia está dirigida a ganar posiciones y alterar ese saber previo, ese fondo acumulado que decide qué es lo poético y lo literario y qué es el valor. La lucha literaria, diría Gombrowicz, se juega ahí" (19). A partir de estos pequeños círculos, fábricas de valor, de equivalencias y de creencias,

---

[36] El *Proyecto Venus* surge en medio del conflicto social y el desamparo político que dejó tras de sí el colapso económico de diciembre de 2001 en la Argentina, y se continúa hasta 2007. Es definido por sus miembros como una microsociedad autogestionada, compuesta por una red de 500 miembros —artistas, técnicos y profesionales— que intercambian bienes, servicios, habilidades y conocimiento. Es a la vez un experimento económico y político que se caracteriza por la creación del *Venus* —papel moneda utilizado en sus transacciones— y la interacción digital a través su página web: http://proyectov.org. El proyecto conforma una comunidad con base digital que apunta al encuentro en mercados, fiestas, exhibiciones, shows, publicaciones, charlas, jornadas, etc., en la cual *El Venus*, o moneda propia, funciona como medio de intercambio y relacionamiento, como herramienta de soberanía y símbolo de pertenencia al grupo.

se gestaría "la definición de una teoría económica potencial que defina toda una línea de pensamiento" (20).

De esta forma, el contracomplot, llevado adelante por la vanguardia artística, cuestiona los modos de legitimación del arte y la lógica hegemónica de la producción de valor cultural; está llamado a crear nuevas formas de valor junto con un sistemas de creencias que les otorguen crédito. La vanguardia artística se propone "asaltar los centros de poder cultural, alterar las jerarquías y los modos de significación [...] tiene una política escandalosa frente al falso equilibrio natural del mercado y a la circulación de los bienes culturales" (Piglia, "Teoría" 18). En consecuencia, la vanguardia literaria se propone alterar las jerarquías de valor: los modos de significación culturales y económicos que rigen la organización y la cohesión social. En ella, el contracomplot es una acción política atípica que supone una conjura; es secreto e ilegal, dado el carácter clandestino de su organización: "como política postula la secta, la infiltración, la invisibilidad", mediante las cuales intenta modificar relaciones de fuerza que le son adversas (19).

En suma, *Plata quemada* subraya el enigma del dinero que legisla la moral y sostiene la ley, supone de relevancia el aspecto comúnmente desestimado del dinero como relación: como componente de una red de relaciones sociales en la que adquiere valor y se sostiene como tal. La quema del botín se propone como salida a la lógica del dinero, en la cual se articula una sociedad jerárquicamente organizada que reproduce y perpetúa históricas relaciones de servidumbre y dominio. Sin embargo, la quema del dinero, entendida como rito de gasto y derroche en el que lo más valioso es sacrificado, deja la materialidad simbólica del dinero intacta. El dinero no se ha movido un ápice del lugar de objeto sublime externo a la red social en la que cobra valor; sigue siendo un fetiche culpable de todos los males o la posibilidad de acceder a cualquier bien. Tanto la tradición simplista que asegura un nuevo orden social con la abolición del dinero, como la justificación del orden social existente en la autoridad de ley del dinero, sostienen al dinero como fetiche. Años después en su "Teoría del complot", Piglia propone otra salida en la cual la literatura de vanguardia está llamada a modificar la materialidad simbólica del dinero, a construir un sistema de creencias que otorgue crédito a un nuevo sistema de valor.

En las próximas secciones de este capítulo me propongo incursionar con *Potlatch* en la narrativa generalizada y fragmentada en la que se sostiene el dinero como objeto sublime, y en las fantasías y los goces que perpetúan al dinero como significante maestro para la sociedad.

Poesía sobre el dinero: nominación, partición y repartición en la infancia

Como mencioné en la introducción general, se asocia a la poesía de Carrera con el neobarroco, aunque sostiene con esta importante tendencia de la poesía latinoamericana de las últimas décadas una compleja relación. El neobarroco no desarrolla una vinculación directa con el modelo del barroco clásico del Siglo de Oro español; el paradigma no es Góngora o Quevedo sino el cubano José Lezama Lima y su seguidor, también cubano, Severo Sarduy. Éstos desestabilizan el barroco incluyendo el sensualismo de Rubén Darío lo que los acerca a la segunda generación de modernistas hispanos –Delmira Agustini, Julio Herrera y Reissig y Leopoldo Lugones– por lo cual, críticos como Jacobo Sefamí sostienen que el grupo de poetas latinoamericanos al que se denomina neobarrocos podría asimismo denominarse neomodernistas.

En Argentina el neobarroco surge en relación a la revista *Literal* y a Nestor Perlonger. A fines de la dictadura militar, cuando asumía el nuevo presidente constitucional Raúl Alfonsín, aparece en la escena literaria argentina esta nueva corriente literaria. El momento histórico aumentaba la expectativa de una nueva poesía comprometida, un renovado lenguaje realista y militante, cercano a Juan Gelman. Sin embargo, estos autores no responden a una tradición determinada sino que construyen un programa a partir de una serie de elementos considerados como antitéticos: el Modernismo de Rubén Darío, el vanguardismo de Oliverio Girondo, el simbolismo de Juan L. Ortiz y hasta la lírica sencillista; pero comparten el énfasis en el aspecto fónico del lenguaje, la rebelión en contra de los sistemas centrados y simétricos, el uso de múltiples registros del lenguaje y la intertextualidad.

Prieto ubica la consolidación del neobarroco argentino en la poesía de tres autores: Héctor Piccoli, Arturo Carrera y Néstor Perlongher. En los tres se observa la fuerte conexión con Lezama y Sarduy. Uno de los sonetos del primer libro de Piccoli se titula *Muerte de Narciso*, haciendo referencia a la obra de Sarduy; *Parque Lezama* se titula el cuarto libro de Perlongher; y Sarduy es el prologuista del primer libro de Carrera, *Escrito con un Nictógrafo* (1972). En este último, *Carrera* prioriza la materialidad de la palabra con soluciones gráficas e ideogramas. Esta investigación sobre las posibilidades de gozar con la materialidad de las palabras es característica del neobarroco, en el cual "la sobreabundancia es compatible con el doble o triple sentido, la aliteración y la deformación de los significantes" (7).[37]

Sin embargo, como propone Cecilia Pacella, a partir de *Mi padre* (1985), el sexto libro de poesía de Carrera, ocurre un giro mediante el cual su poesía "restablece la relación con el referente" (233). Este giro la aleja parcialmente del neobarroco aunque conserva la prodigalidad de imágenes y los juegos con la palabra en su materialidad significante. Para Daniel Freidemberg, el giro se da en su texto *Arturo y yo* (1984) en el que el autor empieza a escribir una especie de novela familiar que se continúa en sus sucesivas publicaciones. Asimismo, Prieto coincide con Edgar Dobry al apuntar que "la recurrencia temática hacia el mito de la primera infancia le da a la obra de Carrera un carácter orgánico, con personajes y referencias explícitas que saltan de un libro a otro, construyendo una especie de saga narrativa" (449).

La crítica coincide en marcar que desde *Escrito con un nictógrafo* hasta *Oro* (1975) su poesía hace manifiesta la ausencia de un significado ulterior y exterior a su propia inscripción. Mientras que desde *Arturo y yo* en adelante su poesía se descentra de esta ausencia para abordar un entramado de personajes, recuerdos y lugares que habitan entre la oralidad y la escritura, entre la poesía y la narrativa.

Sin embargo, Nancy Fernández apunta que *Arturo y yo* consolida un labrado paciente y delicado de la vida cotidiana que no implica "un giro sin retorno o una mudanza poética definitiva" (*Experiencia* 36)

---

[37] Como propone Prieto, en la escritura de Piccoli las palabras abandonan su vínculo con el referente y se sostienen unas a otras por la relación de contigüidad dada por el ritmo, la rima (interna y externa), "la aliteración, la sinalefa o el encabalgamiento para producir un efecto sobretodo físico [...] una magnificencia puramente verbal que establece un vínculo con las obras de Lugones y de Branchs" (449).

hacia una renovada fe en el lenguaje. Este giro, en que las leyes del texto "parecen ser las de los niños, los sueños y el sexo" (*Experiencia* 36), se continúa en *Animaciones suspendidas* (1986) y se consolida en *La banda oscura de Alejandro* (1996) y *Children's corner* (1998), pero "comienza, sin embargo, a delinearse en uno de sus textos más neobarroco, a saber, *La partera canta* (1982)" (*Experiencia* 36). Nancy Fernández rescata una constante que otorga carácter orgánico a la obra: "la experiencia de lo real, el saber sobre la vida y sobre el mundo afirmado y recogido en el espacio lábil de la poesía" (*Experiencia* 15). La autora no define lo real, lo que por momentos dificulta seguir su pensamiento; pero si entendemos lo real, como lo desarrollé en el primer capítulo con César Aira, como "la experiencia irreducible al pensamiento, lo previo, lo inevitable y a la vez lo inalcanzable" ("La innovación" 22), y con Jacques Lacan, como aquello que no se manifiesta únicamente cómo vacío sino también como repetición (*Los cuatro* xi), lo real no cesa de no inscribirse en la poesía de Carrera y, a su vez, no cesa de retornar en la historia mínima, oculto en la repetición cotidiana, en lo imperceptible por tan familiar, en lo invisible de tan conocido.

De esta forma, como propone Juan Duchesne en el prólogo a la Antología de la obra y la crítica de Carrera, éste "reduce la sociedad entera a una familia de genealogías", "redimensiona la vanguardia cosmopolita en provincia inverosímil, transmuta la consabida transgresión en piedad por cada nanosegundo del amor familiar". Así también, el mismo Carrera expresa en el prólogo de *Potlatch* que éste es una continuación de sus libros anteriores, "donde las series tíos, primos, abuelos, padres, abuelas, tías, primas, pequeñas parcas [...] parecían carecer todavía de esa amalgama de representaciones que une, liga los órdenes que simulan la gran indiferencia en la infancia. Y ese pega-pega es el dinero" (9). Sin embargo, esa amalgama de representaciones está constantemente fracturada por el "apagón de sentido" que atañe al dinero en la infancia, donde es sólo el "eco de un valor", donde "todavía no sabíamos bien lo que era" (9). En *Potlatch* la disrupción de las leyes del lenguaje ocurre en tensión con la estructura de sentido a la que pertenece la palabra. Los traspiés en el discurso, los sin sentido, las contradicciones y las incoherencias de los hábitos en torno al dinero son emblemáticos de esta tensión, ya que plantean conexiones entre lo que (re)conocemos y lo que no (re)conocemos en la relación con el dinero de toda una época.

Carrera recorre lo que denomino "ritos de iniciación al valor del dinero en la infancia": narrativas que introducen en la historia personal la dinámica del intercambio social. Se trata de costumbres, relatos, mitos y creencias que se transmiten de generación en generación, como el ratón de los dientes de leche, la llegada de los Reyes Magos, los regalos de cumpleaños, la carta a Papá Noel o el billete debajo del plato el día de ñoquis.

Cuando a mi hermanita Lara se le cayó [...] creo que era el primer diente que se le había caído o uno de los primeros, y entonces todos hablábamos de que iba a venir el ratón Pérez y que cómo hacía, y que el Ratón Pérez se iba a llevar el dientito que iba a poner debajo de la almohada y qué se yo, que le iba a dejar la monedita [...] Y entonces Lara estuvo un rato reflexionando y nos dice: 'ay, yo no quiero que ese animal peludo se suba arriba de mi cama'. (Carrera 69)

Estos ritos destacan la oscilación del niño, que cercado por relatos y narraciones que lo introducen a reconocer el valor del dinero, aún no muestra un éxito rotundo en su iniciación; concentrados en el intercambio diente-moneda nadie reparaba en el animal que lo ejecuta hasta que Lara lo presentifica, y su aspecto de animal peludo cobra valor en la escena. El comentario de Lara desnaturaliza la práctica del "ratón de los dientes de leche", y deja sí en evidencia su carácter de rito. Las prácticas de intercambio se llevan adelante más allá de que se entiendan o no, de que se comprendan o no. "Te decían que iba a venir el ratoncito [...] era muy sencillo porque te dejaban algo de plata y vos te ibas a comprar algo" (68).

Asimismo, este grupo de poemas señala que la dualidad entre la realidad fáctica de la práctica de intercambio, entendida como externa, y la experiencia subjetiva de la creencia, entendida como interna, se demuestra inútil para abordar estos ritos de iniciación. En ellos no podemos pensar la creencia como algo meramente subjetivo e interno sino encarnada en prácticas sociales en las que se reproduce y se perpetúa. A su vez, la práctica social no se presenta como algo meramente externo y objetivo sino que se entrama en una narrativa junto con creencias y fantasías, como lo expone el siguiente fragmento:

[e]ntonces yo lo ponía en una servilleta de papel, bien envueltito, porque me
habían dicho que el diente no podía ir a cualquier lugar, que iba a lugares
mágicos y que después el ratón con todos los dientes que juntaba se iba a hacer
un castillo de la puta madre. (69)

Al igual que el comentario de Lara sobre el animal peludo que le
dejaría la moneda, en el fragmento anterior la "palabra que proviene de
la infancia" sacude la lógica del relato que rige el intercambio (Rosa 158).
La misma desestabiliza la narrativa con una ocurrencia irrisoria, con un
traspié en el que la lógica económica no cierra del todo: ¿para qué podría
querer este Pérez tantos dientes?, ¿por qué un animal peludo ejecutaba la
transacción? Como si se tratara de un resbalón en piso inadvertidamente
mojado la "palabra de la infancia" subraya un sinsentido en el hábito y
en la creencia que mueve a la risa.

Los ritos evocados en la poesía de *Potlatch* se componen de una
combinación de elementos del mundo infantil con elementos de la
economía del mundo adulto. En esta combinación la poesía se toca con
la oralidad para señalar un afuera de las fronteras de la racionalidad del
lenguaje en la infancia, donde la misma ocurre extrañando a la lógica del
intercambio; pero donde a su vez, la lógica del intercambio la asimila y la
transforma, como lo muestra la siguiente conversación entre padre e hija
en el momento en que esperan la llegada de los Reyes Magos:

'¿Qué me van a traer —pá— los reyes?; / ¿me van a traer esos **bsbss** que les pedí?'
—y / me lo decía al oído, poniendo su manita en el contorno de mi oreja como
para volver más audible el enigma, / […] cuando otra vez la vocecita nombra
/ todo el supremo intercambio: / '¿qué les daré yo, pá?' ¿Pasto?'. (117)[38]

La infancia es cercada por una narrativa multitudinaria y fragmentada
en la que todo se paga o simplemente se debe. Carrera destaca el apagón de
sentido que atañe al dinero en la infancia justo en el punto en el que el niño
es cercado por los relatos y las prácticas que lo introducen al intercambio
económico, en el que rige la materialidad abstracta y sublime del dinero,
determinando obligaciones y derechos en un orden social jerárquico que

---

[38] Resaltado en el original, de aquí en adelante se especificará únicamente cuando no lo sea.

reproduce y perpetúa relaciones de dominio y sometimiento. La lógica del intercambio económico invade el mundo de los ratones, los castillos, los reyes y los álbumes de figuritas; pero, ¿se trata de la misma lógica?, ¿la lógica del intercambio económico que invade el mundo infantil es la misma lógica que la del dinero como capital económico? Marx propone la existencia de dos lógicas diferentes en el uso del dinero. Una de ellas atañe al dinero en su función de equivalencia generalizada como mercancía en el contexto de la circulación simple de las mismas, el nombre monetario de todas las mercancías. La otra lógica adviene en el contexto de la circulación del dinero como capital. Para el autor, la historia moderna del capital comienza con las características que adquiere el mercado en el siglo XVI, las cuales conducen a un cambio en la finalidad y la lógica del intercambio.

En el dinero como mercancía prima la transformación de la mercancía en dinero y nuevamente su transformación en mercancía. De esta forma, si partimos de un metro de tela y lo cambiamos por dinero, es porque la finalidad es comprar un vestido o un kilo de arroz. La fórmula que obtenemos entonces es "mercancía-dinero-mercancía", y su lógica es "vender para comprar" una mercancía distinta a la que se tenía en un principio (Marx 88). Por el contrario, en la circulación del dinero como capital la fórmula es "dinero-mercancía-dinero", y la lógica es "comprar para vender" (87). La fórmula cierra el círculo ya que la finalidad es llegar al mismo material del cual se partió: el dinero. Según Marx "cualquier dinero que realiza ese movimiento, conviértese en capital" (94). En esta lógica, la finalidad del comprador es recobrar su dinero como vendedor. Este intercambio conforma un movimiento circular que "termina de manera análoga como empieza: por el dinero" (95).

Desde otra perspectiva, Jacques Derrida señala en su libro *Dar (el) tiempo* que los predicados y los valores semánticos de la palabra economía implican una forma de intercambio basada en la figura del círculo.[39]

---

[39] Kate Jenckes relaciona *Potlatch* con *Dar (el) tiempo* en su trabajo inédito "Blind Witnessing and the Aneconomics of the Literary (in Arturo Carrera's *Potlatch*)", presentado en la conferencia de Association of Hispanists of Great Britain and Ireland (AHGBI), en Aberdeen, Scotland, en Abril del 2007.

La figura del círculo se encuentra en el centro de toda la problemática de la *oikonomia*, así como en el de todo el campo económico: intercambio circular, circulación de los bienes, de los productos, de los signos monetarios o de las mercancías, amortización de los gastos, ganancias, sustitución de los valores de uso y de los valores de cambio [...]. Este motivo de la circulación puede dar a pensar que la ley de la economía es el retorno –circular– al punto de partida, al origen. (Derrida 16)

El autor destaca la circularidad del movimiento económico, en una estructura *odiseica* que deja ver el retorno al origen del que se partió, en el cual la economía tomaría siempre el camino de Ulises. El movimiento de dinero como capital parte del dinero y llega al dinero, por lo que encuentra su única razón de ser en una diferencia cuantitativa de dinero al final de la ecuación, o sea: en la ganancia y la acumulación de dinero. Como propone Marx, el movimiento del dinero como capital sólo tiene razón de ser en la diferencia cuantitativa de las dos sumas de dinero, en busca de un excedente, un acrecentamiento al que denomina plusvalía.[40]

No hay nada en la abstracción del dinero como equivalencia universal de las mercancías que implique el movimiento circular del dinero como capital. En los "ritos de iniciación al dinero en la infancia" que hemos recorrido, el dinero tiene la forma de mercancía. Es un elemento más de la cadena de intercambios: dinero, diente, caramelos, pasto, regalo, con el brillo de aquello que puede ser cambiado por cualquier otra cosa. Por el contrario, en los poemas que trabajaremos a continuación se enfatiza el dinero como capital económico que prioriza el retorno al sí mismo, la ganancia y la acumulación. Varios poemas tienen como eje los programas de ahorro estatales para la niñez, en los que la partición y la repartición, la administración de los bienes, deja de acontecer en el ámbito familiar; y aunque el ahorro no produzca ganancias relevantes para el ahorrista es esencial para la circulación del capital manejada por las entidades bancarias estatales o privadas.

---

[40] Marx propone en el Capítulo V de *El capital*, "Las contradicciones de la fórmula general del capital", que aun admitiendo el cambio de valores desiguales, la circulación de la mercancía no genera capital. La plusvalía no puede proceder en ningún caso de la circulación del dinero. Es la fuerza de trabajo entendida como mercancía la que explica el origen del capital como trabajo impago.

La sección "Ahorro" de *Potlatch* se focaliza en narrativas que se enseñan y se aprenden en el ámbito escolar de los años cincuenta en la Argentina. El primer poema del libro culmina con el slogan de los programas de ahorro estatal de la Caja Nacional de Ahorro Postal (CNAP): "¡Ahorra! / La Caja Nacional de Ahorro Postal espera tu depósito. / ¡Hazlo ahora que puedes! Te lo devolverá cuando más lo necesites" (13). El mismo asegura el afianzamiento de un porvenir sin necesidad económica gracias al ahorro: el retorno sin riesgos del dinero en el momento necesitado. La CNAP se crea el 29 de septiembre de 1914 mediante la ley 9.527, y su programa de ahorro alcanza alta aceptación y popularidad social en el año 1947 al adherir un seguro colectivo para el personal del Estado.[41]

Carrera evoca la práctica de ahorro instaurada a través de las escuelas mediante relatos que funcionan como trozos de memoria, en los que se mezclan las anécdotas personales y los fragmentos de historia en una pluralidad de voces a medio camino entre la oralidad y la escritura.

> Nosotros le comprábamos las estampitas a la maestra para ahorrar. Teníamos un boletín de la Caja Nacional de Ahorro Postal. Entonces, ahí pegábamos todo como figuritas. Cuando teníamos el boletín lleno íbamos al Correo con la libreta de ahorro y el boletín de ahorro. Entonces, mostrábamos el boletín, nos sellaban la libreta de ahorro y allí ponían el importe y se quedaban con el boletín lleno de estampillas. (124)

A los ojos del niño, el boletín y las estampitas se asemejan a un álbum en el que se coleccionan figuritas. Sin embargo, la libreta de ahorro —en la que el empelado del Correo escribe el importe, pone el sello y se queda a cambio con el boletín— no pertenece al ámbito del juego, es de un orden normativo análogo a la libreta de notas donde la maestra escribe su evaluación sancionando un logro o un fracaso. En el ámbito lúdico la finalidad última no puede dejar de ser el placer obtenido en el instante del juego. Por el contrario en el ámbito de lo normativo la finalidad última es moldear una conducta, crear o destruir un hábito.

---

[41] La CNAP sufre una serie de transformaciones a partir de los años 70. En el año 73 cambia su nombre a Caja Nacional de Ahorro y Seguro, y en el 91 se declara sujeta a privatización, la cual culmina en el año 93 al aprobarse las cuatro nuevas sociedades que la sustituyen: Caja de Ahorro y Seguro S.A., Banco Caja de Ahorro S.A., Caja de Seguros S.A. y Caja de Seguros de Vida S.A.

No son pocos los niños que diariamente gastan en golosinas o en juguetes veinte centavos [...] Si en lugar de habituarse a gastar inútilmente esa cantidad, tomasen la costumbre de depositarla religiosamente en la CAJA NACIONAL DE AHORRO POSTAL, al mismo tiempo que se libraban de contraer hábitos de disipación y se acostumbraban a disciplinar su voluntad y a dominarse a sí mismos –beneficios inapreciables– se encontrarían con que insensiblemente, al cabo de cierto número de años, eran poseedores de un capitalito [...]. REFLEXIONEN LOS NINOS Y SOBRE TODO REFLEXIONEN SUS PADRES. (103)

Este fragmento es parte de los cuadernos escolares que circulaban en la época con consejos a los padres y a la comunidad educativa; en él se hace visible el carácter de mandato, el deber moral con el que se introduce al niño en la práctica del ahorro. Práctica que sienta las bases para que la finalidad que gobierne la acción sea la ganancia, el logro de una diferencia cuantitativa de dinero al final del camino: un capitalito.

En esa misma sección Carrera intercala fragmentos de memoria y relatos sobre el ahorro en el ámbito doméstico. A diferencia de los anteriores poemas, dedicados al ahorro en el ámbito escolar, éstos destacan la heterogeneidad en la práctica y en los fines del ahorro. Por ejemplo, el uso de distintos tipos de alcancía: la lata con una hendidura en la tapa, el chanchito de porcelana, los jarros de vidrio y los monedómetros. A su vez, la variedad de dispositivos utilizados para el ahorro se combina con varias opciones a la hora de gastar las monedas que se transforman en chocolates, revistas y adornos baratos para la repisa de los abuelos. Por el contrario, en el ámbito escolar se destaca la homogenización de la práctica de ahorro, y se hace énfasis en depositar religiosamente, disciplinar la voluntad y dominarse a sí mismos para ser con el tiempo poseedores de un "capitalito".

Por otro lado, los poemas subrayan el énfasis de las narrativas oficiales en crear similitudes entre el ahorro en el ámbito doméstico y el estatal, con la finalidad de facilitar y promover la transición del primero al segundo. Por ejemplo, el símbolo de la Caja de Ahorro que se pegaba en los boletines:

[e]ra una nena sentada, con un vestidito, con dos trenzas recogidas alrededor de la oreja, y tenía en las manos, es decir como en el regazo, una alcancía redonda

de barro con una ranura [...] Y de un lado decía: 'infancia previsora', y del otro: 'vejez tranquila' ¡Que mentira! ¡Que horror!" (127)

El logo apunta a la asociación entre el ahorro en el ámbito doméstico, representado en la alcancía, y el ahorro en el ámbito institucional. Pero esta asociación termina en un horror que la desmiente y acusa la falsedad de la promesa de ganancia del discurso estatal. "Y así íbamos ahorrando, que era muy poco. Y después eso nunca lo retiramos porque con las devaluaciones fue nada" (125). La ilusión del retorno, prometida por el ahorro que se incentiva en la niñez mediante la propaganda, la práctica escolar del boletín y las sugerencias de los cuadernos escolares, se fractura de forma masiva para la gran mayoría de ahorristas por los efectos de la devaluación. La palabra de la infancia señala aquello que en el mundo adulto ya no llama la atención, aquello que ya no vemos parece haberse naturalizado en la sociedad: el abuso para con los usuarios cometido por las entidades bancarias, el no cumplimiento de la palabra que, en última instancia, vehiculiza el robo de guante blanco no sancionado por la ley.

Asimismo, la palabra de la infancia señala las incongruencias y los quiebres del discurso político. Los cuatro primeros poemas del libro tienen como fecha el año 1954, finales de la segunda presidencia de Juan Domingo Perón (1952-1955), y destacan la construcción discursiva del peronismo en un tiempo en que los acontecimientos sociales no hacían otra cosa más que resquebrajarla. En 1954 la administración estatal del peronismo enfrentaba graves problemas económicos acompañados de conflictos sociales y políticos. Por ejemplo, el gobierno firmó con una filial de la compañía de petróleo Standard Oil de California un contrato de explotación de 40 mil hectáreas en la provincia de Santa Cruz, cediéndole amplios derechos. Como propone el historiador L.A. Romero: "Se trataba de una medida que desafiaba convicciones hondamente arraigadas –e incluso una disposición de la Constitución de 1949– que suscitó un amplio debate público" (124). Esto generó desacuerdos y enemistades y debilitó la autoridad política del peronismo. El líder del partido radical de izquierda Arturo Frondizi declaró el acuerdo como una decisión antipatriótica, y el diputado John William Cooke fue la voz disidente más fuerte dentro del peronismo. El acuerdo ocurrió en el marco de una visible reconciliación con los Estados Unidos, en el que la concurrencia de capitales extranjeros era el tema central de debate de las políticas económicas en la época.

Los comienzos de la crisis económica del año 54 fueron acompañados por manifestaciones de disconformidad entre dos de los principales apoyos del régimen peronista: los sindicatos y el ejército.[42] La solución "implicó un avance en el camino del autoritarismo [...] prisión a los dirigentes rebeldes y movilización militar a los obreros en huelga" (Romero 124). En suma, la fecha que Carrera escoge para los primeros poemas de *Potlatch* marca un momento de quiebre, una fisura en la ilusión de consenso y pacto social en torno al peronismo.

Por último, cabe destacar que varios de estos poemas, que refieren explícitamente al año 1954 no mencionan a Perón, pero sí repetidamente a Eva Duarte de Perón, popularmente conocida como Evita.[43] "Lidia Muñón soñó que Evita le regalaba una muñeca. / Le contó a ella su sueño en una carta y a fin de año tuvo la muñeca soñada. / Desde entonces Lidia es muy feliz" (Carrera, *Potlatch* 14). El poema destaca la ilusión de una comunicación directa con el poder político a través de las miles de cartas con demandas que recibía la Fundación Eva Perón. En la carta de un niño, o sea en la subjetividad infantil a diferencia de la subjetividad adulta, la demanda es más fácilmente concretizable y materializable en un objeto, en este caso una muñeca, y puede así ser satisfecha.

Otro poema expresa: "[t]renes felices de niños que ríen y cantan recorren el país. / Es el milagro de la fundación Eva Perón" (15). La figura del niño en estos poemas deviene metáfora, casi demasiado literal, del paternalismo peronista con las clases más bajas, y subraya con cierta ironía la infantilización de las mismas. Por otro lado, la labor de Eva con las clases más bajas y desprotegidas socialmente a través de la Fundación, y del gremio de trabajadores, vehiculizó la ilusión de representatividad

---

[42] Ver al respecto *Perón y su tiempo*, de Félix Luna y *Argentina de Perón a Lanusse, 1943–1973* del mismo autor.

[43] Perón fue elegido presidente de la Argentina en tres ocasiones: su primer presidencia, en el período de1946 a 1952; su reelección, en el período de 1952 a 1958, el cual no alcanzó a completar debido al golpe militar que lo derrocó en 1955; y el tercer período de 1973 a 1977, el cual tampoco alcanzó a completar a causa de su fallecimiento en 1974.

de las mayorías que revistió el primer período presidencial de Perón (1949–1952). Las promesas de prosperidad social y económica fueron sostenidas, durante el primer peronismo, por políticas sociales, avances en las técnicas de producción y en los medios de industrialización. Sin embargo, la coyuntura mundial no era la misma hacia finales del período, y las promesas peronistas se vieron violentamente desmentidas por la crisis económica, la devaluación de la moneda que repercutía negativamente en el salario real y las luchas de poder que agudizaban el conflicto político. Las sucesivas crisis económicas en la historia argentina se acompañan de cambios en el nombre de la moneda y su consecuente pérdida de ceros, a las que los argentinos terminan por acostumbrarse.

> Sí, recuerdo escuchar los comentarios de mis viejos, con alguien, de esto de que iban a cambiar la moneda, que se iban a correr dos o tres ceros, no me acuerdo los detalles, y una sensación de mucha extrañeza, como si se hubiera perdido el valor estable de la moneda [...]. Extrañeza mía, que era tan chica, frente a la extrañeza medio ininteligible para mí de ellos. (35)

El asombro, la extrañeza y el desconcierto que se permite el niño, desde su lugar de niño, ante las leyes que implementaban los cambios en la moneda, contrasta con la ininteligibilidad de la extrañeza del adulto; como si al adulto el cambio no terminara de sorprenderlo del todo. Al tanto de la falsedad ideológica de sostener al dinero como entidad que cobra valor por fuera del campo de los conflictos sociales, aun así, la población se aferraba, una vez más, a la ilusión de que el cambio de moneda traería un cambio social y económico. El poema subraya el *como si* mediante el cual el adulto parece estar al tanto de la fractura en la que trastabilla el carácter sublime del dinero, pero aun así no renuncia a su mascarada ideológica. La extrañeza ininteligible que subraya la niña del poema nos remite al planteo de Žižek sobre la subjetividad contemporánea, quien citando la fórmula de Peter Sloterdijk afirma: "ellos saben muy bien lo que hacen, pero aun así lo hacen" (57).[44] A través de la subjetividad infantil

---

[44] La fórmula de Peter Sloterdijk da un giro a la fórmula en la que Marx explica el fetichismo de la mercancía como falsa consciencia ideológica de las condiciones de la realidad: "No lo saben, pero lo hacen" (Marx 64).

la poesía de *Potlatch* no señala la máscara ideológica en la que el dinero sustenta su forma de objeto sublime; señala que el adulto medio reconoce ésta máscara ideológica pero aun así encuentra razones para conservarla. El siguiente poema hace referencia a un cambio de moneda emblemático en la década de los 90, en el cual se pasó de la línea Austral a la línea Peso Convertible.

> Con manu militari debió escribir esto. Reíte, Él tenía que escribir esto [...] escribía estas cosas como discursos, pero no son discursos, vos me entendés. Son órdenes. Lo tenía que hacer. Te leo: La línea monetaria vigente en la República Argentina es la línea PESO CONVERTIBLE *(Decreto del Poder Ejecutivo Nro. 2128 –acá está corregido ¿ves?–, del 10 de octubre de 1991 y el Artículo 12 de la Ley de Convertibilidad Nro. 23928 del 27 de marzo de 1991).* Todo esto ahora es un redisparate. Escuchá: *Todas las líneas anteriores se encuentran desmonetizadas y no se canjean. La relación entre la actual línea y su predecesora, la línea Austral, fue de 1 peso = 10000 Australes.* (Carrera, *Potlatch* 35)

La medida fue impuesta por Domingo Cavallo, ministro de Economía de Carlos Saúl Menem, y determinaba que la mayor parte de la base monetaria debía estar respaldada por oro y divisas; pero aceptaba que un porcentaje estuviera respaldado por bonos de deuda del Estado Nacional valuados a su precio de mercado. Según Cavallo, se trataba de un movimiento económico que permitiría implementar políticas monetarias mediante operaciones de mercado abierto.

Sin embargo, las expresiones "con manu militari", "son órdenes" y "lo tenía que hacer" nos remiten a la última dictadura militar (1976-83), con lo cual Carrera marca cierta continuidad en las políticas económicas de ambos períodos. En la década de los 90 los lineamientos de las políticas económicas se asociaban con organismos de crédito internacionales como el Fondo Monetario Internacional (FMI) o el Banco Interamericano de Desarrollo (BID). Estos últimos delineaban políticas económicas en continuidad con las políticas económicas implantadas durante las dictaduras militares de la década del 70 en el del Cono Sur, las cuales imponían, a grandes rasgos, una reducción del gasto público y un aumento de la libertad de mercado. Como propone el historiador David Harvey, estas políticas eran asimismo implementadas en extremos opuestos del mundo: en el año 78 Deng Xiaoping se proponía convertir a China en un centro dinámico del capitalismo mundial; en el año 79 Paul Volcker tomaba el mando del US Federal Reserve; en el año 80 Ronald Regan era electo presidente de los Estados Unidos, apoyaba las políticas de Volcker y agregaba otras tantas enfocadas en disminuir el poder de la fuerza laboral, desregular la industria, la agricultura y la minería, y liberar el poder financiero interno e internacional; y el mismo año Margaret Thatcher era elegida primer ministro de Gran Bretaña, con la misión de disminuir el poder gremial y acabar con la inflación que diezmaba al país hacía una década. Según el autor, el neoliberalismo se encarna en un conjunto de políticas económicas que proponen la libertad de los emprendimientos comerciales y los negociosos en un marco institucional caracterizado por el derecho a la propiedad privada, la libertad de mercado y de comercio. El Estado debe garantizar estas últimas con su ejército de ser necesario, así como facilitar la entrada del mercado a regir en áreas nuevas como pueden ser el agua, la educación, la basura y la seguridad social. Esa es, nada más ni nada menos, la tarea a la cual debe restringirse el Estado. Bajo este marco regulatorio se sostenían la equivalencia del peso argentino con el dólar a costa de la privatización de empresas nacionales por capitales extranjeros, el endeudamiento externo y la baja de la productividad interna. En el correr de la década del 90, bajo la presidencia de Carlos Saúl Menen, se agudizó el aumento del desempleo y la desigualdad social, y se llegó a la profunda crisis social y política que explotó en el colapso económico de fines del 2001.

Sin embargo, se creyó en este cambio de moneda, como en los anteriores; se creyó en la ley a sabiendas del sórdido absurdo que encerraba la paridad del peso con el dólar: el "redisparate" que le devolvió el paso del tiempo. Se actuó *como si* el cambio de nombre y de ceros materializara un cambio en la riqueza económica del país, en la partición y en la repartición de la misma. El recuerdo de la infancia conserva la mirada infantil que desnaturaliza el vínculo del dinero con la ley y pone al descubierto que el funcionamiento interno de nuestro razonamiento está determinado por la maquinaria externa que articula la ley, la costumbre y la creencia en el campo social. Como afirma Žižek en su lectura de Pascal: "Hay que desengañarse: tenemos tanto de autómata como de espíritu [...]

Las pruebas no convencen más que al espíritu. La costumbre inclina al autómata que arrastra al espíritu sin pensar en ello" (Žižek, *El sublime* 65). El funcionamiento de la maquinaria social puede adquirir cierta autonomía, encarnada en costumbres y creencias que se reproducen y se perpetúan, ante las cuales el sujeto se posiciona como un autómata carente de agencia. En esta configuración la ley es percibida como letra muerta e insensible, como el mecanismo que dirige la maquinaria y el autómata. Atendiendo a esta misma tesis de Pascal, Derrida propone que el fundamento místico de la autoridad consiste en que "[l]a autoridad de las leyes sólo reposa sobre el crédito que se les da". Se cree en ellas, ése es su único fundamento ontológico o racional" (*Fuerza de ley* 30). No obedecemos la ley porque es racionalmente justa o buena sino simplemente porque es ley.

En suma, el poema destaca el circulo vicioso de autoridad y ley en el que se sostiene el dinero, y subraya, mediante la mirada del niño, la naturalización con la que el adulto lo asume. La ausencia de extrañeza ante la medida no implica su justicia o su racionalidad; por el contrario, subraya la naturalización de un "redisparate". A pesar de la ineficiencia de las políticas económicas que acompañaron los sucesivos cambios de moneda, se mantenía la ilusión de que éste fuera el definitivo, aferrados a la promesa de su mascarada ideológica. Una vez más, se actuó como si el cambio de nombre y de ceros del dinero materializara un cambio en la riqueza económica del país, en la partición y en la repartición de la misma.

Sin embargo, *Potlatch* no apunta a hacer caer la ilusión universal en torno al dinero, lo cual paradójicamente sería demasiado ilusorio, sino que explora cómo la misma se reproduce y se perpetúa en una narración de narraciones. "La palabra y el dinero van juntos desde la infancia" (Siganevich 284): ambas "son forzamientos, inequidades metafóricas" (Carrera 9) que se sostienen en un acto de ley y, como señala Derrida la fuerza de la ley no es únicamente el instrumento con el cual se reproduce y se perpetúa el poder sino que se encuentra en la base de lo social. La extrañeza y el asombro del niño ante los hábitos, las creencias y las naturalizaciones asociadas al dinero se asimilan a la extrañeza y el asombro del niño ante el lenguaje, dado que el dinero como equivalencia generalizada se sostiene en el lenguaje. El nombre implica una abstracción de pensamiento en la que ciertas cualidades de un determinado objeto son obliteradas en pos de una asimilación a los de su clase.[45] Todo acto de lenguaje implica un movimiento metafórico o metonímico mediante el cual se homogeneizan cosas diferentes. El propio acto de nombrar impone desestimar la radical heterogeneidad de lo real.

Este forzamiento metafórico es fundamental al acto de intercambio mediado por el dinero, en el cual la mercancía se reduce a un valor abstracto con el que se intercambia por otras mercancías. El valor aparece en relación a otras mercancías y se obliteran las particularidades concretas, el valor de uso, de una mercancía en particular. Asimismo, el precio, nombre monetario de las mercancías, no representa una cualidad natural de los objetos sino una cualidad de origen exclusivamente social: el valor de cambio. Como afirmamos anteriormente siguiendo a Marx, darle valor a un objeto es obra del lenguaje y convierte a los productos del trabajo en "jeroglíficos sociales" (64). El lenguaje es la matriz del forzamiento metafórico en el que se basa el dinero. En el lenguaje hay homogeneización, hay división y jerarquización, hay relación y valor. En palabras de Derrida: "[e]n cuanto hay ley, hay partición: en cuanto hay *nomia* hay economía" (*Dar* 16).

Sin embargo, si bien la *nomia* está en la matriz que habilita el uso del dinero, ésta no implica necesariamente la economía del dinero como capital. La mirada infantil introduce una extrañeza inquietante en la lógica del dinero como capital, es ajena a la acumulación, a la ganancia y al afán de poseer un futuro capitalito. Asimismo, subraya el círculo vicioso de autoridad en el que las leyes económicas devienen letra muerta con la que parecemos no tener más relación que la de obediencia. Sin embargo, en la Argentina contemporánea no impera el paradigma del ahorro en la relación con el dinero sino el del gasto y el derroche. ¿Cómo se articula el dinero en su aspecto de objeto sublime que se impone con

---

[42] El nombre agrupa en un conjunto ciertas heterogeneidades del real mediante una cobertura lógica. Como lo ejemplifica Borges a través de *Funes el memorioso*: "el símbolo genérico *perro* abarcará tantos individuos dispares de diversos tamaños y diversa forma". A Funes "le molestaba que el perro de las tres y catorce (visto de perfil) tuviera el mismo nombre que el perro de las tres y cuarto (visto de frente)" (489).

su autoridad de ley con los hábitos, las creencias y los goces relacionados al gasto y al derroche?

POTLATCH: CUANDO EL GASTO Y EL DERROCHE DEVIENEN IMPERATIVOS

Žižek propone que la gran paradoja "es que el deber de nuestros días no impone la obediencia y el sacrificio sino más bien el goce y la buena vida" ("Contra el goce"). El concepto de goce se vuelve fundamental al considerar el dinero como objeto sublime que se impone en su autoridad de ley en relación al gasto y al derroche. Asimismo, *potlatch*, el nombre del poemario, se torna sugerente en esta paradójica trama en la que el gasto y el derroche se inscriben en una cadena de deudores y acreedores donde todo se paga. En el poema "Casa Nervi" Carrera introduce, de forma emblemática, una extrañeza inquietante tanto en la relación con el dinero como en la relación con el lenguaje, y pone en juego la tensión entre la falta y el deseo, y el mandato y el goce.

> Frente a la vidriera de la Casa Nervi, / con "Ropa de vestir" y "Calzado para niños". / ¿De qué valía que enfrentara a mis abuelas / materna y paterna, ambas juntas, ambas / de mi mano, a mi deseo de tener una vaca / de juguete, blanca y negra, / que al girarle la cola daba leche o / agua por la pequeña ubre despintada? // […] el billete asomaba, parecía fuego rojo, / de las carteras de ambas. / ¿A qué las imponía? ¿A qué las ignoraba? / ¿A qué pérdida irrazonable mía las perdía? / ¿De qué misterio razonado se embrujaban? (Carrera, *Potlath* 26)

El encabalgamiento de los versos distorsiona la construcción de sentido y contradice la lógica de la puntuación abocada a lograr la univocidad del sentido. En el primer encabalgamiento, "ambas / de mi mano, a mi deseo […]", el sentido común leería ambas de mi mano, pero el encabalgamiento agrupa las palabras en sentido contrario a la puntuación, por lo que podríamos leer: ambas (sujetan) de mi mano, a mi deseo. Por ende, si seguimos la agrupación del encabalgamiento nos encontramos con la sustitución del verbo por su complemento, y con el niño agarrado por las abuelas a la vidriera de ropa, pero deseando una "vaca / de juguete, blanca y negra".

La alteración de la gramática redunda en una alteración de la semántica que impide la sutura de sentido en un significado único;

de la misma manera en que la palabra de la infancia impide la sutura de significado de las narrativas sobre el dinero. El sentido discurre aceleradamente tropezando verso a verso hasta desembocar con cierta urgencia en las preguntas finales. Éstas son dignas de un extranjero que desconoce los códigos culturales en torno al dinero, de un loco, o de un niño, por lo que guardan una extrañeza inquietante ante uno de los aspectos más naturalizados de nuestra sociedad: el uso del dinero. A la invocación poética se suma la perspectiva de la mirada infantil, a la que se asocia el yo poético en *Potlatch,* y permite poner en cuestión hábitos de pensamiento y de acción con el dinero.

La pregunta "¿A qué las ignoraba?" juega con la gramática de tal forma que no podemos decidir con certeza qué es lo que está preguntando: ¿qué las ignoraba (a ellas)?, ¿qué ignoraban (ellas)? y ¿qué las hacía ignorar eso que ignoraban? El deseo del yo poético se encuentra acorralado ante la vidriera de una renombrada y exitosa casa de venta de ropa y calzado para niños; acorralado a cifrarse en los conjuntitos de última moda y en los diseños exclusivos de Casa Nervi. El deseo del niño, singular y simple, es ininteligible para las abuelas, que ocupadas en cifrar el deseo de su nieto en las mercancías de la vidriera no admiten el enigma que éste plantea; enigma indisoluble en su capacidad de compra, y más allá de su dinero que asoma como fuego rojo de sus carteras.

La causa del deseo es evocada por el yo poético como aquello que permanece como enigma más allá del dinero, dado que se inscribe en la distancia irreducible entre el objeto idealizado y el que se encuentra para la satisfacción. El deseo es por definición de algo que no se tiene, por lo que nunca encuentra completa satisfacción en un objeto; todo aquello que ilusoriamente podría parecer su causa –pantalón, buzo, zapato– no es más que un objeto al que éste se adhiere momentáneamente. Esta distancia irreducible es un efecto pulsional que mantiene el psiquismo en funcionamiento, y subraya algo que excede al objeto, un 'plus de goce' *(petit a),* que se articula con "esta función todavía virtual llamada deseo" (Lacan, *El reverso* 18). La causa del deseo es la marca de lo real en la estructura subjetiva, anterior a cualquier objeto; aquello que las abuelas ignoran, al no querer saber sobre el enigma que encierra para ellas el deseo de su nieto. La escena se presenta como emblema de un accionar a ciegas con el que violentamente se pasa por alto el deseo del otro, dinero mediante. El deseo mantiene con el dinero una relación de ambivalente complejidad. Por su potencial para transformarse en casi cualquier cosa, el dinero se nutre del carácter escurridizo del deseo. Sin embargo, si aceptamos que el dinero es el objeto de deseo, aquello que puede colmar, obturar el deseo, entonces, es también aquello que puede aniquilarlo. El dinero adquiere valor al poder ser intercambiado por todo aquello que se considere una mercancía. Las mercancías –pantallas planas, autos último modelo, iPods, iPhones, paquetes de vacaciones– se promocionan como objetos totales, como el boleto de vuelta al paraíso perdido, la llave a un goce total y una satisfacción sin límites. Lo que omiten los discursos de mercado es que este boleto de vuelta al paraíso conduce a una parálisis deseante que conlleva un anhelo de destrucción y de muerte. En el mandato de consumo, gasto y derroche asociado a una satisfacción total y a un goce sin límites, el otro es negado como sujeto deseante. Dado que puede oponerse al goce propio, el otro es reconocido únicamente como objeto a ser gozado, depositario de una tendencia mortífera y destructiva que se articula en un imperativo de ley que distribuye bienes sagrados para unos y carencias absolutas para otros. Como lo muestra la pregunta del niño, "¿de qué valía que enfrentara a mis abuelas / materna y paterna, ambas juntas, ambas / de mi mano, a mi deseo […] . el billete asomaba, parecía fuego rojo, / de las carteras de ambas. / " (26). El dinero se impone como fuego rojo devorando todo a su paso. En él las abuelas obturan el deseo del niño negándolo como sujeto deseante en tanto puede oponerse a su goce en aquella vidriera. El billete asoma como fuego rojo al suturar la grieta abierta por el enigma del deseo en las relaciones intersubjetivas, y obturando el deseo con un imperativo de goce que sumerge al vínculo en un sórdido silencio.

El concepto de goce surge para Lacan a partir de la compulsión a la repetición, en consideración a lo que Freud articula en su *Más allá del principio del placer.* Se trata de una compulsión común en la sicopatología de la vida cotidiana;

[s]e conocen individuos en quienes toda relación humana lleva a idéntico
desenlace: benefactores cuyos protegidos (por disímiles que sean en lo demás)
se muestran ingratos pasado cierto tiempo, y entonces parecen destinados a
apurar entera la amargura de la ingratitud; hombres en quienes toda amistad
termina con la traición del amigo [...] amantes cuya relación tierna con la
mujer recorre siempre las mismas fases y desemboca en idéntico final, etc.
(Freud, *Más allá* 21)

Esta compulsión a repetir situaciones no placenteras destaca que
ciertos decursos, que se repiten en la vida anímica, no están a favor del
principio de placer sino de su falla. El principio de placer, teorizado
por Freud en el *Proyecto de psicología para neurólogos* (1886), consiste
en una tendencia anímica al servicio de mantener el mínimo nivel
posible de excitación en el aparato psíquico. La tensión provocada por
la insatisfacción causa el aumento de la energía psíquica hasta que se
logra la descarga en la satisfacción. Sin embargo, Freud propone que el
funcionamiento del psiquismo es mucho más complejo que ésto. Los
textos "Más allá del principio de placer" (1920), "Lo ominoso" (1917)
y "Pegan a un niño" (1917) marcan una ruptura en las concepciones
freudianas, a partir de la cual se abren las siguientes preguntas: ¿qué lleva
al sujeto a repetir una y otra vez situaciones que le son displacenteras?,
¿por qué reincide en fantasías o en ficciones que lo muestran acosado, sin
salida, condenado a ser objeto de crueldades?

[s]e trata, desde luego, de la acción de pulsiones que estaban destinadas a
conducir a la satisfacción; pero ya en aquel momento no la produjeron, sino
que conllevaron displacer. Esa experiencia se hizo en vano. Se la repite a pesar
de todo; una compulsión fuerza a ello. (Freud, *Más allá* 21)

Según Freud, esta compulsión responde a una pulsión de agresión
y destrucción que se vuelca contra el propio Yo, con una severidad, una
tiranía y un sadismo que nos remiten a la instancia psíquica del Superyó.
En la primera infancia se internalizan límites al goce bajo la forma de
códigos culturales, costumbres y normas que componen la vida en
sociedad. Estos límites se erigen dentro del propio Yo en la instancia que
Freud denominó Superyó o Ideal del Yo. Mediante el Superyó se erige la
ley paterna en el interior del Yo, a la cual se adherirán las demás normas y

códigos sociales. Dado que el Superyó se sirve para lidiar con el Complejo de Edipo de una identificación con la ley paterna, hereda todo el sesgo duro y cruel del imperioso deber-ser" (Freud, *El yo* 55).

El Superyó es heredero del Complejo de Edipo, no únicamente de su clausura sino de toda su problemática. Por ende, interioriza las prohibiciones, los mandatos y los ideales de la cultura que imponen un límite al goce, pero también hereda una insistente tendencia a la recuperación de pequeños plus de goce. La interpretación predominante de la teoría freudiana fue que el Superyó era exclusivamente, en tanto heredero del complejo de Edipo, lo que ponía un límite al goce. Sin embargo, basta con detenerse en los términos utilizados por Freud para avizorar algo más. Al referirse al Superyó habla de su "furia cruel e inmisericorde", destaca su "severidad extraordinaria", su "sadismo ilimitado y su automartirio interminable", que lo convierten en un "tirano"; y agrega para despejar toda duda: "lo que gobierna en el Superyó es un cultivo puro de la pulsión de muerte" (*El yo* 51–54). El Superyó no fue conceptualizado por Freud, únicamente, como la instancia que prohíbe el goce sino como aquella que, paradójicamente, a través de una severidad extraordinaria accede a un goce ubicado más allá del principio de placer. El Superyó no sólo limita el goce sino que lo habilita a través de un imperativo despiadado y absoluto.

Lacan no teoriza particularmente el Superyó en ninguno de sus Seminarios, ni en los Escritos, pero en la sección VI del Seminario de *La ética* (1959) problematiza el Superyó a través de un contrapunto entre la *Crítica a la razón práctica* de Kant y *La filosofía en el tocador* de Sade, destacando la presencia de un goce en el imperativo y de un imperativo en el goce. En este texto Lacan pone de relevancia la esencia del Superyó como imperativo, pero atado a un más allá del principio de placer que trae consigo un goce mortificante. Comienza con una elocuente cita de Kant al respecto:

> la ley moral como principio de la determinación de la voluntad, perjudica por ello mismo todas nuestras inclinaciones, y debe producir un sentimiento que puede ser llamado dolor. Y es éste el primero, y quizás el único caso, en que nos esté permitido determinar, por conceptos, a priori, la relación de un

conocimiento, que surge así de la razón pura práctica, con el sentimiento del placer o de la pena. (Lacan, *La ética* 99)

La cita muestra cómo el imperativo moral de Kant es, paradójicamente, un imperativo de goce: de dolor o placer exacerbados. En el mismo desarrollo Lacan señala el carácter de mandamiento del goce sin límites proclamado por Sade. Refiriéndose a la teoría sadeana dice: "ella propone para justificar lo que puede llamarse una suerte de antimoral, invirtiendo exactamente los criterios kantianos" (Lacan, *La ética* 97). *La filosofía en el tocador* comienza por un elogio a la calumnia, cuando la *Crítica a la razón práctica* parte de una exigencia de verdad. Sade "continúa así, justificando punto por punto la inversión de los imperativos fundamentales de la ley moral" (98). Lacan revela la presencia de Kant en Sade y viceversa, proponiendo que el imperativo kantiano se encuentra en íntima relación con la regulación y el saber sobre el goce propuesto por Sade.

En el poema "Casa Nervi", Carrera destaca que allí donde se esperaba encontrar placer en el acto de gastar dinero nos encontramos con un imperativo: "¿A qué las imponía?" Al igual que en las anteriores preguntas hay una ruptura de las reglas gramaticales que, en este caso, afecta el uso del verbo imponer, por lo cual la pregunta puede leerse: ¿qué imponían (ellas)? o ¿qué se les imponía (a ellas)?, al metaforizar el movimiento de boomerang característico de la pulsión. El poema destaca que el reverso del ahorro, el gasto, puede estar asimismo regido por un imperativo que obtura el deseo ostentando un saber que regula el goce en prácticas sociales predeterminadas y homogeneizantes. "Allí donde pensábamos encontrar un derecho al goce encontramos una imposición: ¡goza!" (Žižek, *Contra el goce*). En ambos casos, el goce se amalgama en el dinero como fetiche asociado a hábitos que se reproducen doblegando al sujeto en su costumbre. El dinero se perpetúa como objeto sublime que por encima del vínculo con el otro, o sirviéndose de él, sostiene la promesa de un goce sin límites. Asimismo, los potlatches son el nombre de un ritual de intercambio caracterizado por el imperativo y la obligación de un contrato social que exige el gasto en grandes reuniones festivas y banquetes, o en el derroche y la destrucción de grandes cantidades de bienes.

Los potlatches se ubican fundamentalmente en la zona costera que recorre desde Vancouver hasta Alaska. Los pobladores nativos de la zona pasaban sus inviernos en continuas fiestas y banquetes, plagados de ferias y mercados, los cuales al mismo tiempo eran importantes reuniones tribales con función de asambleas. Un gran número de rituales de intercambio de los nativos de la Costa Noroeste ha sido reagrupado bajo el nombre de potlatch y estudiado por varias disciplinas. Los estudios antropológicos brindan al potlatch un lugar especial dentro del sistema de prestaciones totales. Este sistema refiere a una forma de intercambio de bienes y riquezas en la que no rige el intercambio individual en el mercado sino el intercambio entre grupos: clanes, tribus, y familias.[46] Los intercambios no incluyen únicamente bienes sino entretenimientos, apoyo militar, cortesías, mujeres, niños, bailes y cantos en los que el mercado y la circulación de bienes son parte de un contrato amplio y estable.

El significado del potlatch en la cadena de intercambios es controvertido. Sergei Kan en su artículo "The 19th-Century Tlingit Potlatch: A New Perspective", afirma que los enfoques etnográficos más relevantes comienzan a partir de 1930 con los estudios de Boas (192). Antropólogos de tradición boasiana como Barnett, Codere, Garfield, Drucker y Heizer coinciden en afirmar que es una ostentosa y dramática distribución de bienes de parte de un integrante con alto rango y renombrada posición social. Consideran que el propósito de los potlatches es validar la posición heredada y mantenerla en contra de rivales que quieren escalar en gloria y rango. Sergei apunta que en los años 60, ecologistas culturales como Suttles y Piddocke entendían estos grandes y prolongados festines como un mecanismo para disminuir la inequidad de recursos naturales entre las tribus vecinas y los grupos tribales (192). Sin embargo, esta teoría ha sido criticada por Druker y Heizer, quienes sostienen que los regalos que los jefes entregan a los pobladores no tienen valor utilitario para quien los recibe sino que responden a la necesidad

---

46 Si bien puede resultar inapropiada la palabra mercado para referirse a los intercambios de estas poblaciones, según Mauss podemos hablar de mercado como el lugar donde se establecen intercambios económicos: los mercados existían antes de la existencia del mercado moderno, incluso antes de su más importante innovación: la moneda. Existían antes de tomar la forma moderna del contrato, la venta y el capital (2).

de prestigio de quien los da (192). Por último, el autor refiere al modelo interpretativo influenciado por las teorías de Lévi-Strauss, al argumentar que el potlatch es generado por la estructura social, especialmente por las reglas del matrimonio.

Según el antropólogo Marcel Mauss, en su afamado libro *Ensayo sobre el don: Forma y función del intercambio en las sociedades arcaicas*, un jefe está obligado a dar un potlatch para sí mismo, uno para su hijo, uno para su hija o esposo y uno para los muertos. Son ocasiones en las que se practican matrimonios, iniciaciones, sesiones de *shamanismo* y de culto a los dioses, tótems y grupos de ancestros individuales. Las estructuras económicas, religiosas, legales y morales se expresan y se consolidan en los potlatches (3). Lo que destaca al potlatch del sistema de prestaciones totales es su antagonismo y rivalidad; un jefe está dispuesto a destruir la totalidad de sus riquezas acumuladas con la finalidad de eclipsar a un jefe rival (2).

Como señala Lygia Sigaud, hay dos grandes tendencias de lectura del trabajo de Mauss acerca del sistema de regalos o dones que se ofrecen en el potlatch. Por un lado, el énfasis ha sido puesto en el aspecto espiritual del intercambio, en el cual se identifica el regalo –o el don– con el espíritu de quien lo da. Por el otro, las lecturas ofrecidas por los contemporáneos de Mauss destacan la pertenencia del regalo al pacto contractual que rige los sistemas de prestaciones totales. Mientras los predecesores contraponen estas dos tendencias en un reduccionismo, la autora destaca el énfasis de Mauss en ambas como aspectos fundamentales del don que circula en el potlatch.

El ensayo de Mauss incluye las contradicciones y las paradojas de ambas tendencias de interpretación, la espiritual y la contractual. En un intento por entender qué rige el intercambio en un potlatch, el autor se pregunta cuál es el principio por el cual el regalo recibido en el sistema de prestaciones totales debe ser retribuido, es decir, pagado. Y además debe ser retribuido con intereses; "en general, las tasas van del 30% al 100% anual. Aunque un individuo reciba por un servicio prestado una manta de su jefe, le devolverá dos en la ocasión de un casamiento en la familia del jefe o para la entronización del hijo del jefe, [...]" (164). Asimismo, los participantes en el sistema no tienen el derecho de rechazar un regalo, pero mucho menos aún puede un jefe rechazar un potlatch. Se trata al potlatch como un regalo dentro del sistema de prestaciones totales; y su "finalidad es ante todo moral, su objeto es producir un sentimiento amistoso entre las dos personas en juego, y si la operación no tuviera ese efecto todo habría fallado. Nadie tiene la libertad de rechazar un presente regalado" (108). A lo que agrega más adelante: "Las personas no tienen derecho a rechazar un don, a rechazar el potlatch. Actuar de ese modo es manifestar que se teme tener que devolver, es temer ser 'aplastado' mientras no se haya devuelto. En realidad, ya es estar 'aplastado'" (161). Si se acepta una invitación a un potlatch el jefe debe devolver la misma con un nuevo potlatch que tiene que superar al anterior, o someterse a la jerarquía ganada por el otro jefe.

En el caso del potlatch la única forma de evadir la cadena de acreedores y deudores es la destrucción total de los propios bienes. Como afirma Mauss, "en determinados casos, incluso, no se trata de dar y devolver, sino de destruir, a fin de no dar siquiera la impresión de desear ser retribuido" (148). Recipientes enteros de aceite de ballena, casas y cientos de mantas son quemadas, y las más valiosas monedas son tiradas al mar, para derrotar a un rival.

La destrucción no está por fuera del círculo de intercambios sino que forma parte del sistema de prestaciones totales que legisla el intercambio y perpetúa una cadena de deudores y acreedores. Por ende, la destrucción de los bienes propios, al igual que el potlatch, no se cifran en un modo de sociabilidad totalmente ajeno al interés propio, y tampoco en "un corte radical con el intercambio y el cálculo que definiría a la sociedad capitalista" (Bosteels, "Del complot" 42).

Sin embargo, ciertos aspectos de la lógica del potlatch no se explican cabalmente en el cálculo que define a la sociedad capitalista, que prioriza la ganancia y la acumulación de capital por sobre todas las cosas. Por ejemplo, los potlatches se ubican en los meses de otoño cuando escasean la pesca y la recolección, después de la acumulación productiva del verano; y como afirma Mauss, "la obligación de invitar es por completo evidente cuando se ejerce de clanes a clanes o de tribus a tribus. Incluso, sólo tiene sentido si se ofrece a ajenos a la familia, al clan o a la fratría Hay que invitar a todo quien pueda y quiera asistir al potlatch" (159).

Por otro lado, el potlatch escenifica públicamente una lucha de poder entre dos jefes por una jerarquía social, en la cual quebrar una de las reglas de distribución e intercambio conlleva una pérdida de honor, dignidad, lealtad y respeto: "no cumplir con las obligaciones del intercambio so pena, al menos para los nobles, de violar la etiqueta y de perder su rango" (246). La ley que legisla el intercambio está por encima de la riqueza; los jefes deben adherir a las reglas del sistema de intercambio con mayor rigurosidad que el resto de los pobladores, por detentar un mayor rango jerárquico que perder. Es la circulación y la redistribución de los bienes lo que habilita una posición jerárquica y de estatus.

La jerarquía social determina obligaciones y derechos en la cadena de intercambios, no otorga la posibilidad de manipular el sistema en la invisibilidad del complot conspirativo. La jerarquía social y las relaciones de dominio y sometimiento que se entablan a través del sistema de prestaciones totales no están encubiertas tras una pantalla de igualdad y libertad como en las sociedades de consumo. La visibilidad de los rangos jerárquicos implica la asunción de obligaciones que permiten mantener el rango de poder ante el resto de la comunidad. Las mismas aseguran, por ejemplo, el alimento y el abrigo de los habitantes en los meses de invierno cuando la comida escasea, con lo que se tienden a anular las carencias absolutas. Por el contrario, el capitalismo y las sociedades de consumo tienden a la miseria extrema de amplios sectores de la población mundial.

En suma, en el potlatch las relaciones de dominio y servidumbre no están desplazadas y metaforizadas en el mundo de las mercancías, como lo están en las sociedades de consumo. En estas últimas, podemos explicar el cierre de empresas, el crecimiento abrumador del desempleo y la pobreza extrema mediante los altibajos del mercado, la fuga de capitales, la falta de liquidez, etc., sin aludir a las relaciones de dominio y servidumbre que sostienen la jerarquía social. Sin embargo, el don nomina todo aquello que no se puede explicar cabalmente en la lógica del sistema de prestaciones totales, es el aspecto espiritual del intercambio. Asimismo, la poesía de *Potlatch* subraya la contingencia y la singularidad del don como aquello que interrumpe la estabilidad del intercambio.

¿qué es un "don" –ahora– si no el restablecimiento de su propio enigma, de su no definición, del consentimiento de una voluntad de entrega y de intercambios a veces ruin casi siempre imposible en relación a objetos que se truecan, que se dan, que se prestan, que se pierden, que se fingen como entregados, desaparecidos o consumidos en un flujo espiritual desgarrador y decisivo entre donatarios y donadores? (Carrera 9)

En consecuencia, la palabra potlatch como título del poemario articula el contrato social –que establece obligaciones y derechos en una cadena de acreedores y deudores– con su propio enigma: el don que excede toda lógica y toda definición, otro nombre para todo aquello que contraría el imperativo que regula el goce, tanto en el ahorro como en el derroche. En el don las marcas singulares del deseo rasgan las suturas de la estructura de sentido que regula el intercambio. El don está convocado a introducir una extrañeza inquietante en la gramática de la situación de intercambio, así como la poesía en *Potlatch* está convocada a introducir una extrañeza inquietante en la estructura del lenguaje.

El precio de lo irracional y la dialéctica del don

La subjetividad infantil a la que se asocia la voz poética en *Potlatch* introduce una extrañeza inquietante tanto en la estructura del lenguaje como en la estructura del intercambio. A través de los poemas "Potlatch chino" y "Títere de la moneda" exploro la tensión que entabla esta extrañeza inquietante con la ideología: "matriz generativa que regula la relación entre lo visible y lo no visible" (Žižek, *Mapping* 7).

(Lo anuncian en la CNN en español, / al cierre del capítulo de economía.) // Para los chicos mayores de trece años, / una bruja en las calles de Hong Kong ofrece un "potlatch verdadero" / contra enemigos económicos: no les devuelve fortunas, sólo prepara "nidos de ilusión", / inevitables venideros derroches. // Y consiste en llevarle un muñequito / que irá destruyendo a golpes de taco / con sus zapatos irascibles. // Y se ve cómo ella castiga sin piedad / al impasible homúnculo y cómo su furia mágica / redobla la paciencia del hechizado. / y más, // con tanta rítmica destrucción / sonríen la chica, el chico del "potlatch". // Idéntica pasión la Envidia, la Ira, el Mal que con golpes a un enemigo repentino / poco a poco acribillan / y en minutos de trance extenúan; // sólo para el gasto "inocente" la verdad que desconocemos crece como dinero apabullante;

// apenas mágico en su gratuidad de esfuerzo / y tan cercano al precio de lo irracional. (Carrera 147)

Carrera ubica al legendario rito del potlatch en las calles de Hong Kong: símbolo de un acelerado crecimiento económico con las más altas curvas mundiales de productividad y desarrollo financiero; y a la vez, símbolo de una república socialista gobernada por un partido comunista único desde su reincorporación a China en 1997. Sin embargo, la reincorporación no marcó cambios sustanciales en la exitosa economía capitalista implantada por el Reino Unido (1950-1997), y tampoco brindó la libertad política esperada.[47] Por ejemplo, el jefe ejecutivo de Hong Kong anteriormente elegido por el Reino Unido es elegido actualmente por un grupo de ochocientos miembros escogidos entre profesionales y el sector representativo de los negocios chinos en Hong-Kong; la isla sostiene el treinta y tres por ciento del flujo de capitales extranjeros que entra a China. En este complejo contexto se inscriben los hechos del poema, a su vez mediatizados por las imágenes del televisor en una contemporaneidad global marcada por la CNN en español. En esta contemporaneidad en que la economía capitalista es globalmente sostenida como la base supuestamente objetiva de lo social irrumpe la brujería, mediante la cual el poema hace énfasis en lo irracional de las creencias, las fantasías y los mitos que influyen en la competencia y en el funcionamiento de la economía globalizada. La crisis financiera global del 2008, por ejemplo, se origina por la burbuja inmobiliaria norteamericana, en la cual el mercado especulativo y las inversiones de alto riesgo son llevadas a extremos absurdos y hasta grotescos: un misterio razonado con el cual parece embrujarse todo el funcionamiento económico.

El poema señala que al igual que en el rito originario del potlatch, las creencias, los mitos, la superstición, los fetiches, las ilusiones y los goces forman parte de los intercambios económicos más sofisticados del

---

[47] La reinserción al gran imperio comunista chino en 1997 ocurre después de haber sido gobernados por el Reino Unido desde 1950. A su vez, los ejércitos ingleses junto con el ejército chino revirtieron la ocupación japonesa desde 1941; y los japoneses interrumpían con su invasión la era colonial que comenzó en 1842 con la concesión de Hong Kong al Reino Unido como forma de solucionar la victoria sobre China en las Guerras del Opio; con la concesión se suspendía la era de la China Imperial de Hong Kong desde 221 AC.

mercado moderno. Los "nidos de ilusión" se alimentan de una promesa de futuros posibles, tiempo a estrenar, libre albedrío, potencia y libertad absoluta, amalgamados en el dinero. Sin embargo, la ilusión enmascara lo opuesto a lo que promete: enemigos, ira, envidia, golpes y aniquilamiento. La ilusión se materializa en la destrucción del otro. La bruja del potlatch, en una mezcla con rito afro umbanda, acribilla con su taco puntiagudo al enemigo económico representado en el muñeco. A diferencia del legendario rito del potlatch, en el cual la destrucción se realiza sobre los bienes, en el potlatch contemporáneo la destrucción apunta a los enemigos económicos. De esta forma, las relaciones de dominio y sometimiento, excluidas de la realidad social tras una mascarada de libre albedrío en el mercado, irrumpen violentamente como relaciones entre enemigos económicos a los que destruir. Por otro lado, estos "nidos de ilusión" se convierten en la economía de mercado en "inevitables venideros derroches".

El poema introduce una extrañeza inquietante en la ideología que marca la relación entre lo representable y lo no representable, lo visible y lo invisible. Por ejemplo, en la expresión "el precio de lo irracional", Carrera pone en cuestión un presupuesto del sentido común que hace a la matriz ideológica en la que se sostiene la economía: el precio es racional. En una desnaturalización de las bases del discurso económico, Carrera sostiene que el precio se funda en una irracionalidad digna de "un misterio razonado" que mantiene al mundo "embrujado", un "potlatch verdadero" reproducido por los hechizos de una "furia mágica" (Carrera, *Potlatch* 147). Basta con mirar la irracionalidad de los precios en la burbuja inmobiliaria en Norteamérica que desembocó en la crisis global del 2008, o el desplome de los precios de acciones que no representan la productividad real de ninguna empresa sino un juego de inversiones de alto riesgo, apuestas virtuales. Estas últimas muestran su peligrosidad mucho antes del 2008, por ejemplo, en el caso Enron: una empresa de energía con sede en Houston, Texas, que empleaba a más de 21.000 personas en el 2001, y fue nominada por la revista *Fortune* como la empresa más innovadora de los Estados Unidos durante cinco años. Hacia fines del 2001 comenzaron a circular rumores que acusaban a la empresa de pago de sobornos, tráfico de influencias, extorsión y amenazas para conseguir contratos en América Central, América del Sur, África, las Filipinas y la India. Pero esto no determinó su baja en las acciones sino que al mismo tiempo se descubrió que las ganancias de Enron eran el resultado de negocios con sus propias subsidiarias, lo que le permitía enmascarar la gran baja en la productividad de la empresa en los últimos años y mantener, paradójicamente, sus acciones en la suba. Sus acciones cayeron rápidamente en Wall Street al pasar de 90 a 30 dólares. Sólo para el gasto "inocente" de sus inversores, la verdad que desconocían crecía como dinero apabullante; apenas mágico en su gratuidad de esfuerzo y tan cercano al precio de lo irracional.

Por el contrario, lejos de sostener la ambición y la irracionalidad del mercado, la inocencia infantil que encarna la voz poética en *Potlatch*, pone en cuestión sus postulados más básicos: aquellos que refieren a la subjetividad en la que se enraíza la relación con el dinero que circula como capital. En uno de los epílogos del libro, Carrera toma un fragmento de *Historial de un libro*, del poeta español Luis Cernuda, en el cual la inocencia, la gratuidad y lo irracional, propios de la infancia, cuestionan la subjetividad enlazada a la economía.

> Alguna vez me contaron en la casa familiar, en Sevilla, cómo durante la fiesta que siguió a mi bautizo, al arrojar mi padre desde un balcón al patio lo que llamaban "pelón", mis primos y primas, que eran numerosos, se arrojaron sobre el montón de monedas, mientras mi hermana Ana, segunda hermana mía, se quedaba en un rincón, mirando el espectáculo y sin participar en él. Al preguntarle alguno por qué no entraba, ella también, en la refriega, respondió: "Estoy esperando a que acaben". En su respuesta veo, no tanto la tontería inocente, como la muestra de cierta cualidad insobornable. (41)

La frase de Ana "[e]stoy esperando a que acaben" no hace sentido en el contexto del juego; cuando acaben ya no habrá nada en lo que participar y tampoco habrá monedas que recoger. La misma introduce una extrañeza inquietante que resiste a la clausura de la lógica económica: un exceso que no responde a las reglas del juego. Sin embargo, tampoco encarna un corte radical con la partición y la repartición pautada, ni un modo de sociabilidad totalmente ajeno al interés propio, sino que guarda con ellos una relación de "familiar extrañeza".

La frase de Ana funciona en forma análoga al don que restablece su propio enigma poniendo en cuestión la lógica en la que se inscribe. Derrida propone que "no puede haber don sino en el instante en que toda circulación haya sido interrumpida *y a condición* de ese instante" (*Dar* 19). El autor propone como verdad última del don su doble atadura. Por un lado, "no hay don sin vínculo, sin obligación, como recuerda Mauss", y por el otro, el don debe desvincularse de la obligación, de la deuda, del contrato y hasta del intercambio (35). En consecuencia, el don se inscribe en la circularidad temporal, espacial y económica, pero es atemporal, aespacial y aneconómico. El don se inscribe en la cadena de objetos que circulan, se dan, se truecan, se prestan, perpetuando la deuda, el cálculo y la obligación; pero se inscribe como enigma, como imposibilidad del pensamiento, como límite interno que subvierte todos los puntos de su lógica. La respuesta de Ana encarna la palabra de la infancia: torpe, fuera de lugar, inapropiada, irrisoria, tonta e inocente, aloja una cualidad insobornable que implica la negación interna de la racionalidad económica en la que se inscribe. En *Potlatch* la subjetividad infantil señala el punto donde la razón encuentra su propia sinrazón, su límite interno, allí donde una extrañeza inquietante amenaza con poner en cuestión la estructura en la que acontece.

Concluyo el análisis de *Potlatch* con el poema "Títere de la moneda", el cual relata una anécdota con fecha del "4 de enero del 2004", momento de una difícil recuperación económica y social posterior a la crisis de fines de 2001.

Viene un chico a la puerta y grita desde afuera: / "¿Señor tiene una monedita?" / Abro la mirilla grande de la puerta negra, / le digo entre los relieves oscuros: '¡Sí; ya / vuelvo!' Y voy hasta la caja donde guardo los títeres de guante; me calzo uno / y lo llevo hasta la mirilla ahora Boca del Teatrino // –¿Síiiiiiiiiiiiiii?– y el chiquito se ríe. // Y el títere de la moneda le da la moneda. / ¡Por suerte no soy yo! / El títere de la moneda le da la bienvenida a mi puerta. / ¡Por suerte no soy yo! / El títere le dice que todos los remordimientos / son esa monedita trucha que le da. / Que todo el dinero del mundo / es su mentira que le entrega. / Que toda la falsedad de la Tierra cabe / en nuestro dolor, en la mísera alegría / de ese instante sin rencor: "¡Gracias, Señor, / hasta mañana!" (Carrera, *Potlatch* 190)

El poema nos remite a una escena de ofrenda y despojo clásica en la tradición literaria argentina. La relación entre el desposeído y el privilegiado se remonta a la literatura gauchesca, en la cual el gesto de ingenio, característico del desposeído, funciona como un guiño al lector que le habilita la empatía con el personaje, en una perspectiva que no prioriza la compasión ni la culpa. "Títere de la moneda" invierte los roles y el gesto de ingenio es obra y gracia del privilegiado, con quien nos identificamos sin compasión y sin culpa. A través de la metaficción que toma lugar en el *teatrino* se abre paso una distorsión de la representación de la clásica escena de limosna, clave para el análisis. En una sutil marca intertextual, Carrera escoge la palabra italiana *teatrino*, al igual que Lamborghini escoge el nombre *Estropiani* —estropeado con acento italiano— para "El niño proletario". En ambos relatos, lo infantil sirve de escenario para una parodia, ácida y dolorosa, que incursiona sin coartada en la propia miseria y en la de toda una época.

La pequeña sección de títeres improvisada pone en escena una realidad social donde la moneda determina las posiciones del que la posee y el que la suplica. Se trata de una escena social naturalizada a la cual respondemos mecánicamente con un sí o un no; y quizás también con una ligera incomodidad, o cierto placer, en el cual no queremos ahondar ni detenernos demasiado. Carrera se detiene justo allí, en lo que genera el acto de limosna a quien da la moneda: allí donde el hombre se disfraza de títere de la moneda tocando algo de su verdad subjetiva. El hombre le entrega al niño "toda la falsedad de la tierra" en esa moneda: toda la organización social jerárquica en torno al dinero, que los posiciona a uno por fuera de la mirilla y al otro por dentro.

En vez de insistir en la revelación de lo oculto tras la máscara, la pequeña representación pone de relevancia el disfraz; y la ficción se transforma en vía regia para que el hombre reconozca su propio disfraz. En el gesto de disfrazarse de títere el "Señor" se reconoce atado a "toda la falsedad de la tierra", y asume "que todo el dinero del mundo / es su mentira que le entrega". Una mentira que articula las creencias y las narrativas que sostienen al dinero como objeto sublime que habilita futuros posibles, tiempo nuevo a estrenar, libre albedrío, goce ilimitado y satisfacción absoluta. La mentira de una realidad social libre de relaciones de dominio y sometimiento, regulada por la interacción de hombres libres que intercambian libremente sus bienes y venden, también libremente, su fuerza de trabajo en el mercado. La mentira de este discurso económico totalitario que se sostiene como la única economía posible, y cobra autoridad más allá de las relaciones sociales en las que se encarna, al imponerse como el mecanismo que dirige al autómata, o al títere. A ambos, títere y autómata, los maneja un mecanismo que no reconocen como propio, al que ni siquiera ven claramente. El títere no se caracteriza por percibir sus ataduras sino por actuar como si éstas no existieran, y el autómata es uno de los ejemplos utilizados por Freud para ilustrar la experiencia de lo siniestro. Al igual que el autómata, el títere revela algo extraño, desconocido y ajeno en el corazón de lo propio y conocido: un entramado de narrativas, prácticas y creencias, fantasías y goces, comúnmente pasado por alto, negado o desmentido, que rige los hábitos de pensamiento y de acción con el dinero. Ambos sirven de metáfora para la compleja relación del sujeto con el dinero; se trata de "la experiencia de un secreto sin profundidad, de un secreto sin secreto", oculto a la vista de todos (Derrida, *Dar* 95).

La improvisada obrita de títeres excede el marco de las expectativas generadas por la pregunta del niño: "¿Señor tiene una monedita?" A través de esta distorsión, habilitada por lo cómico y lo infantil de la respuesta que el Señor pone en escena, el yo poético se disfraza de su mentira: asume sus ataduras y su alienación. Y justamente en ese instante acontece algo que excede el acto de limosna; el momento en que el hombre asume su disfraz, como disfraz, se abre el espacio para otra relación no pautada por las posiciones económicas de cada uno de los actores.

Esta "monedita trucha que le da" en ese instante sin razón, sin calculo y sin intercambio, recuerda a la moneda que da al mendigo el amigo del narrador de *La moneda falsa* de Baudelaire, texto principal en el análisis derrideano del don. Al igual que *La moneda falsa*, "Títere de la moneda" conecta el simulacro con el proceso de verdad y "la situación narrativa con la circulación de un 'resto' (remnant) de dinero" (Derrida, *Dar* 106). En ambos textos es a partir de un simulacro, de una copia, que se reconoce el poder de una narrativa, "el poder y la posibilidad, sin ninguna certeza que aprese, sin ninguna garantía posible, de producir, de engendrar, de dar" (158); porque el don "no consiste únicamente en una abdicación adoradora y fiel, un simple movimiento de fe ante lo que desborda a la experiencia, al conocimiento, a la ciencia, a la economía –e incluso a la filosofía" (Derrida, *Dar* 38). El mismo responde tanto al exceso cercano a lo irracional como al contrato y a la sujeción del vínculo con el otro en el cual se inscribe. La doble atadura del don implica, por un lado, la imposibilidad del acto radical del don y, por el otro, enfrenta la demanda de don que nos interpela de la siguiente manera:

> *sabe* tú además lo que dar *quiere decir, sabe dar,* sabe lo que quieres y lo que quieres decir cuando das, sabe lo que tienes intención de dar, sabe cómo se anula el don, comprométete, aunque el compromiso sea destrucción del don por el don, da, dale tú, a la economía su oportunidad. (38)

La poesía de *Potlatch* reintroduce al don en la red de relaciones sociales y en los avatares de la intersubjetividad, regidos por la imposibilidad de sutura del forzamiento metafórico de toda economía y de todo lenguaje. A su vez, este resto de sentido quiebra la mascarada egoica de certeza del Yo; el don se anuncia allí donde "¡por suerte no soy yo!", allí donde se agujerean las narrativas sociales que lo ubican como "Señor", y en su lugar aparece un títere. El Yo, asegurado en el mundo de lo propio y lo conocido, como un pequeño amo que sabe, es un obstáculo para el acontecimiento del don. Según Derrida, cabría incluso decir que "un sujeto como tal no da ni recibe jamás un don. Por el contrario, se constituye con vistas a dominar, por medio del cálculo y del intercambio, esa *hybris* o esa imposibilidad que se anuncia en la promesa del don" (Derrida, *Dar* 32). El sujeto se constituye en la tendencia a dominar y manipular el campo de lo desconocido, de lo incalculable e imprevisible. El ansia de saber y de control sobre la contingencia se amalgama con una insaciable búsqueda de razón, de *logos*, de lenguaje. Esto exige a la vigilancia crítica y ética estar alerta contra los engaños de un presunto don:

> ¡Atención!, os creéis que hay don, disimetría, generosidad, gasto o pérdida, pero el círculo de la deuda, del intercambio o del equilibrio simbólico se reconstruye de acuerdo con las leyes del inconsciente; la conciencia 'generosa' o 'agradecida' no es sino el fenómeno de un cálculo y la artimaña de una economía. (25)

Sin embargo, aunque el don sea otro nombre de lo imposible seguimos pensándolo, nombrándolo y deseándolo. "Tenemos intención de hacerlo. Y ello *a pesar de que, o porque, en la medida en que jamás* nos encontraremos con él, jamás lo conoceremos, jamás lo comprobaremos" (Derrida, *Dar* 37). En tanto resto que no puede convertirse en presente el don es una designación tautológica del deseo. El acontecimiento del don se enlaza a este resto que no se tiene, pero que no obstante se desea dar. Según Derrida, citando a Lacan, podríamos afirmar que no se trata aquí de otra cosa más que del amor: "pues sí, el amor es dar lo que no se tiene para esperar recibir lo que nunca se va a recibir" (Derrida, *Dar* 12; Lacan, *Escritos II* 598).

La paradoja del don recorre la poesía de *Potlatch*, por lo cual no convoca al Yo instalado en la estabilidad de la representación; invoca al sujeto allí donde "¡por suerte no soy yo!": donde la manifestación de lo real trae consigo lo contingente, lo irrepetible y lo siniestro. Su poética distorsiona las reglas gramaticales, sintácticas y / o semánticas y abre la estructura del lenguaje a la diseminación del sentido. Desde este marco aborda una de las relaciones más sintomáticas de la subjetividad contemporánea, la relación del sujeto con el dinero. A través de un yo poético asociado al más pequeño –torpe al manejar los códigos de su propia cultura, cómico, inapropiado, inconveniente, extranjero– explora las narrativas, las creencias, las fantasías ideológicas y los goces que conforman esta relación. A su vez, subraya un resto que no se cifra en la moneda, que excede a la sutura de sentido y abre la intersubjetividad a la inconsistencia del deseo. "¿Que no necesitamos poetas, sino alguien que reivindique su autodeterminación como criatura económica?" (Carrera 137). La poesía de *Potlatch* apela, a través de la relación de "familiar extrañeza" que guarda la infancia con el dinero, a un nuevo sistema de creencias y de crédito; este nuevo sistema de valor deberá ser también "ese oro de la no intención, el oro de no durar, de no tener, de no saber, de hacer el signo con absoluta humildad" (Carrera, *Potlatch* 10).

Capítulo 4

Cultura de la basura en la Argentina del cambio de milenio[48]

> No hay propiedad privada del lenguaje, es literatura
> aquello que un pueblo quiere gozar y producir como
> literatura. La insistencia de ciertos juegos de palabras
> es literatura, como lo comprende cualquiera que sepa
> escuchar un chiste.
> —Afiche de presentación de la revista *Literal.*
>
> Mejor pues que renuncie quien no pueda unir a su
> horizonte la subjetividad de su época.
> —Jacques Lacan, *La ética del psicoanálisis.*

En un ensayo titulado "Los poetas del 31 de diciembre", el escritor argentino César Aira se pregunta:

> ¿Qué pasó con Argentina?, ¿qué pasó con aquel país culto, próspero, sofisticado, el *taste-maker* suramericano? Se me ocurrió que si la respuesta podía estar en cualquier parte, también podía estar en estos libritos gratuitos y fantasmales, accidentes de la Historia que ilustran ejemplarmente. (Aira, "Los poetas")

Aira se refiere a un confuso plan de subsidio del gobierno argentino que en los últimos meses del 2001 provocó la edición de decenas de libros de poesía, cuento y ensayo, de escritores mayormente jóvenes, los que quedaron a la deriva dada la suspensión del proyecto ante la crisis financiera del mismo año. Según Aira, estos libritos gratuitos y fantasmales agrupan una nueva generación de autores que "desde el punto de vista que construyó y sostuvo el pasado siglo de literatura argentina son un fraude, una simulación, un chantaje; pero los valores son históricos, no eternos. Y esos libros exigen una redefinición del arte y la literatura de estos tiempos" (Aira, "Los poetas").

---

[48] Partes de este capítulo fueron publicadas en el artículo: "Conflicto social, humor y lenguaje en la literatura y el proyecto editorial de Washington Cucurto" (88-102).

Este capítulo se centra en la crisis económica, social y política de fines de 2001 en su sentido figural, como emblema de un período de inestabilidad y fractura de algunas de las certezas que amalgamaban la configuración cultural. La crisis introduce una extrañeza inquietante en las relaciones cotidianas con el dinero, el trabajo, la cultura y la organización social (Freud, "Lo ominoso" 225). Para la mayoría de los argentinos la crisis implicó una fractura en "la base donde se apoya lo que se sabe, lo que se articula tranquilamente como un pequeño amo, como *yo*, como quien sabe un montón" (Lacan, *El reverso* 17). Por lo cual, resulta un momento privilegiado para incursionar en las fantasías ideológicas que estructuran la realidad social (Žižek, *El sublime* 58); mientras que en tiempos de equilibrio y estabilidad, éstas permanecen ocultas a la vista de todos, en la superficialidad de un lenguaje racista y xenófobo. La crisis subraya la presencia de algo extraño y amenazante, algo pasado por alto en la cotidianidad, percibido como ajeno y lejano a pesar de ser nuclear a la estructura social: pobreza y basura. La visibilización que cobran la pobreza y la basura en la escena cultural de la poscrisis genera una extrañeza inquietante que abre una vía regia para explorar el racismo y la xenofobia articulados a un ideal de cultura, de nación y de economía que encuentra sus raíces en el tiempo de la colonia.

Historiando brevemente, la crisis que explotó a fines de 2001 se caracterizó por una reducción del peso argentino a un tercio de su valor. Esto fue, en parte, resultado de las sucesivas maniobras para sostener la convertibilidad uno a uno del peso argentino con el dólar, a través de un aumento exponencial de la deuda externa, que provocó el bloqueo del FMI y de otros tesoros bancarios a fines de 2001 (Seoane 16). Varias compañías, bancos nacionales y extranjeros cerraron declarando bancarrota y provocando un aumento exponencial del desempleo y un amenazante caos económico y social. A principios de diciembre de 2001, el presidente Fernando de la Rúa impuso una medida de retención de capitales en los bancos, conocida como *corralito,* con el fin de frenar la fuga de capitales del país que sumaba unos veinte mil millones de dólares. El *corralito* imponía a los ahorristas un límite máximo de doscientos cincuenta pesos argentinos, por semana, para retirar de sus cuentas bancarias. La indignación de los ahorristas se sumó a la de los desocupados, los desalojados y los hambrientos, y se expresó en masivas protestas que provocaron la deposición de tres gobernantes en pocas semanas.

El 20 de diciembre de 2001 Fernando de la Rúa presentó su renuncia y fue sustituido interinamente por el peronista Adolfo Rodríguez Saá, quien después de menos de una semana en la presidencia, enfrentado a las protestas populares, se vio forzado a renunciar. Tomó la presidencia el senador Eduardo Duhalde, quien prometió a los ahorristas que sus depósitos en dólares les serían devueltos en dólares y no en el devaluado peso argentino. Sin embargo, tres semanas después anunció lo contrario, que los ahorros serían devueltos en pesos argentinos. Al igual que los anteriores, se vio forzado a renunciar ante la multitud que voceaba a coro frente al Congreso: "que se vayan todos, que no quede ni uno solo".

Las masivas manifestaciones de indignación y disconformidad que acompañaron el colapso fueron síntoma de una crisis del régimen de representación en una sociedad traicionada por sus gobernantes y descreída de sus instituciones.[49] Los efectos de la crisis también ponen en cuestión varios de los parámetros hegemónicos que regían y legitimaban la cultura. Por un lado, ocupan la escena cultural ensayo fotográfico, cine documental, música popular, artes plásticas y literatura cuyos protagonistas principales son cartoneros, inmigrantes indocumentados, ocupas, piqueteros, villeros y bailanteros del Gran Buenos Aires.[50] Entre ellos se encuentran: el ensayo fotográfico *Tren blanco: el tren de los cartoneros*, de José Enrique Sternberg; el poema *El carrito de Eneas*, de Daniel Samoilovich; la narrativa "El paisaje

---

[49] Ver al respecto de las protestas, las asambleas, los movimientos sociales y las ocupaciones: *Que se vayan todos. Enigmas de la representación política*, de Inés M. Pousadela, *19 y 20 Apuntes para el nuevo protagonismo social*, de Colectivo Situaciones, *Genealogía de la revuelta. Argentina: la sociedad en movimiento*, de Raúl Zibechi, *Cuadernos argentina reciente N3*, *Reflexiones sobre los movimientos sociales en la Argentina*, de Graciela Di Marco y Héctor Palomino, y los trabajos de Carrera N. y Cotarelo en los estudios de FLACSO, entre muchos otros.

[50] Ocupas es el nombre usado popularmente para referirse a las personas que ocupan una propiedad privada en desuso como solución a su falta de vivienda; piqueteros es el nombre comúnmente usado para referirse a las personas que producen cortes en la vía pública como forma de demandar al Estado un trabajo digno; villeros y bailanteros son los nombres popularmente usados para referirse, respectivamente, a quienes viven en construcciones precarias en los cinturones marginales de la ciudad –villas miseria–, y quienes gustan de la 'cumbia villera' y la bailanta.

de la devastación", de Sergio Chejfec; y el documental *Corazón de fábrica*, de Molina Virna y Ardito Ernesto.[51]

Por otro lado, llama particularmente la atención una producción cultural cuyo fin no es la creación de obras de arte sino la intervención de artistas y no artistas en proyectos que empujan los parámetros que otorgan valor cultural –o que legitiman el arte– fuera de sus límites. Algunos ejemplos son: Santa Revuelta, un grupo de música que actuaba como telón de fondo en los cortes de las vías públicas o piquetes; Proyecto Venus, un sistema de intercambio con base en la web regido por un papel moneda propio; y varias editoriales alternativas que publican pequeñas ediciones de literatura crítica con la materia prima disponible. Entre estas últimas se destaca Eloísa Cartonera, la cual utilizando cartón recogido de las basuras, y al incluir a los cartoneros en el proyecto editorial, subraya las fantasías ideológicas que sostienen el valor cultural asociado a patrones estéticos de publicación marcados por las editoras multinacionales y su precio privativo para gran parte de la sociedad.

En suma, la extrañeza inquietante que afecta a la economía, la política y la organización social redunda en una extrañeza inquietante en las expresiones culturales. Esta extrañeza inquietante abre un espacio para una demanda de participación insistente y perturbadora, comúnmente ignorada o negada en momentos de estabilidad social y equilibrio económico. Las expresiones culturales de la poscrisis requieren de un cambio en las maneras de percibir, juzgar y actuar ante el desempleo, el dinero, la pobreza y la cultura. Esta puesta en cuestión de aspectos naturalizados de las relaciones sociales es un punto de contacto con la literatura de Osvaldo Lamborghini, César Aira y Arturo Carrera, trabajada en los capítulos anteriores. A través del humor, la ironía, la parodia, lo infantil, lo torpe, lo inapropiado y lo sospechosamente inocente, su literatura produce una fractura en el curso de la literatura posicionada como expresión de la 'alta cultura', a la vez que pone en cuestión creencias y hábitos que reproducen un ideal de economía y de nación asociado a

---

[51] Específicamente sobre cartoneros se destacan el documental *Agujeros en el techo*, de Malena Bystrowicz, "Neo-liberal Reform and Urban Space: The *cartoneros* of Buenos Aires", de Themis Chronopoulos, *Cartoneros: recuperadores de desechos y causas perdidas*, de Eduardo Anguita y "Cartoneros de la cultura", de Jorge Monteleone, no trabajados en este libro.

ésta. Al igual que la crisis de 2001, la literatura trabajada pone en cuestión puntos ciegos de la subjetividad de toda una época, en los que se articula el ideal de nación, de economía y de cultura en estructuras de dominación y sometimiento. En consecuencia, y a manera de cierre, este capítulo retoma y articula análisis claves de los capítulos anteriores.

En la primer sección, parto de un artículo de Francine Masiello, en el cual la autora señala el peligro de una banalización de la producción cultural poscrisis que transforma la pobreza en espectáculo. Traigo a la discusión los documentales *La dignidad de los nadies*, de Pino Solanas, y *Cartoneros*, de Ernesto Livon-Grosman, los cuales visibilizan la transformación de la configuración social argentina, brindan historicidad a los fenómenos culturales y sociales de la poscrisis, y contravienen la tendencia a tratarlos como eventos fulminantes que se autoconstituyen e irrumpen vacíos de historia. En una segunda instancia, exploro la literatura de Washington Cucurto como puerta de entrada a las fantasías ideológicas que sostienen a la literatura como expresión de la 'alta cultura' y al libro como 'objeto sublime' de la misma. Sin embargo, subrayo que su literatura corre el riesgo de ocupar el lugar de aquello a lo que desafía transgresoramente: un saber dominante en el ámbito de la cultura.

En la segunda sección, analizo la producción cultural de la editorial alternativa, cofundada por Cucurto, Eloísa Cartonera. Sus libros otorgan a los restos del auge del poderío neoliberal de los noventa –cartones y cartoneros– un papel en la escena cultural contemporánea. [52] Sin embargo,

---

[52] Como lo trabajé en el capítulo sobre la poesía de Carrera, el historiador David Harvey define el comienzo de la era neoliberal entre el año 78 y el 80: en el año 78 Deng Xiaoping se proponía convertir a China en un centro dinámico del capitalismo mundial; en el año 79 Paul Volcker tomaba el mando del US Federal Reserve; en el año 80 Ronald Reagan fue electo presidente de los Estados Unidos, apoyaba las políticas de Volcker y agregaba otras tantas enfocadas en disminuir el poder de la fuerza laboral, desregular la industria, la agricultura y la minería, y liberar el poder financiero interno e internacional; y el mismo año Margaret Thatcher fue elegida primer ministro de Gran Bretaña, con la misión de disminuir el poder gremial y acabar con la inflación que diezmaba al país hacía una década. Según el autor, el neoliberalismo se encarna en un conjunto de políticas económicas que proponen la libertad de los emprendimientos comerciales y los negociosos en un marco institucional caracterizado por el derecho a la propiedad privada, la libertad de mercado y de comercio. El Estado debe garantizar estas últimas con su ejército, de ser necesario, así como facilitar la entrada del mercado a regir en áreas nuevas como pueden ser el agua, la educación, la basura y la seguridad social. Esa es, nada más, ni nada menos, la tarea a la cual debe dedicarse el Estado (1-2).

cabe preguntarnos si no se trata de un gesto astuto a través del cual la cultura oficial encuentra la manera de incluir y, por ende controlar a las subculturas del gran Buenos Aires: ¿un intento civilizatorio camuflado con jerga cartonera y cumbia villera?, ¿una artimaña económica de los escritores jóvenes para publicar y lograr reconocimiento?, o ¿la puesta en escena de un conflicto viejo como el mundo o como el circo, que subraya las relaciones de dominación y sometimiento entorno a la letra? Asimismo, articulo la teoría marxista de la plusvalía con la teoría derrideana del don y la teoría lacaniana sobre el 'plus de goce' en el análisis de su relación de "familiar extrañeza" con la industria cultural que sostiene al libro como objeto sublime de la cultura y al dinero como fetiche.

LO SINIESTRO EN LA PRODUCCIÓN CULTURAL DE LA POSCRISIS

En un artículo crítico titulado "Reading for the People and Getting There First", Francine Masiello afirma lo siguiente: "si en el auge de Chiapas quienes apoyaban a los Zapatistas cantaban, 'somos todos Marcos', en Buenos Aires, la consigna era 'somos todos cartoneros'" (202; traducción nuestra). Masiello agrega que los intelectuales tomaron a los actores sociales de 2001 como el tópico favorito de un nuevo arte y una nueva literatura. La producción cultural de la poscrisis podría resumirse en la siguiente expresión: "mezclémonos con los cartoneros y brindemos por los desempleados" (Masiello 202). La autora percibe el espíritu con el que la producción cultural aborda las culturas marginales como un buen negocio: "Los cartoneros como personajes de heroicas elegías, romances y melodramas, incluso de escritura de vanguardia; E-bay nos venderá un prendedor hecho de metal reciclado por los pobres de Argentina" (202). Desde su perspectiva, la producción cultural poscrisis es una artimaña económica para obtener una ganancia de la marginalidad y su cultura: "Tener la oportunidad de sentarse junto a un hurgador de basura. Presentar tu libro en una librería, cobrar gracias al capital que el hurgador provee, invitarlo a compartir el foco de atención contigo como tu amigo, [...]" (202).

En una primera instancia cabe apuntar que hace ya algún tiempo que los argentinos no necesitan de una oportunidad especial para sentarse al lado de los miles de hombres, mujeres y niños que diariamente sobreviven al hambre en las calles de Buenos Aires. La crisis no es más que el fin de un largo proceso de depresión económica marcado por el descenso de la productividad interna, la privatización de las empresas nacionales por capitales extranjeros y el endeudamiento externo. La crisis del 2001 es el punto máximo de deterioro social y económico, tras una década de políticas económicas neoliberales y corrupción estatal. Los antecedentes más cercanos se ubican en la última dictadura militar argentina (1976-1983), con la cual se sientan las bases para la instauración de la política económica neoliberal, sin lugar a protestas. Como lo expresa la economista María Seoane, "la política de la desindustrialización que comienza en 1976 y se completa durante los 90, explica el brutal aumento del desempleo y la desigualdad social del 2001" (16). Ni la resistencia popular de los sesenta, ni el fracaso de la guerra de las Malvinas en el '82, ni la vuelta a la democracia en el '83, modificaron el dominio de la oligarquía financiera y la servidumbre de los despojados de siempre.

Hacía ya décadas que los argentinos no necesitaban de una oportunidad especial para interactuar con un hurgador de basura; lo inusual era no interactuar con los miles que transitaban las calles pidiendo limosna a cambio de estampitas religiosas, flores de plástico, poemas, almanaques o canciones entonadas a toda voz en el transporte colectivo. Como lo expresa el cineasta argentino Pino Solanas en su documental *La dignidad de los nadies,* "Argentina entra al siglo veinte con un veinticinco por ciento de desocupados y un sesenta por ciento de pobres e indigentes". A lo que agrega: "Éramos capaces de alimentar 300 millones de personas y se morían de hambre o enfermedades curables cien personas al día. Más muertos por año que todos los desaparecidos del terrorismo de Estado". La pobreza era un hecho ineludible para cualquiera que transitara por las calles de Buenos Aires. Anteriormente circunscripta a los cinturones marginales, ocupaba paulatinamente el microcentro de la ciudad: las lujosas tiendas de ropa o libros a lo largo de Florida y Lavalle se transformaban en locales desocupados, mientras aumentaban los puestos callejeros de artesanías peruanas y bolivianas.

Por otro lado, *La dignidad de los nadies* hace patente el empobrecimiento de la clase media argentina, la cual se acerca a los históricamente miserables, "los nadies". El documental es un crisol de situaciones de empobrecimiento de las capas medias y bajas de la sociedad. Cuenta la historia de una asociación de pequeños productores rurales a quienes los bancos les remataban sus propiedades como forma de pago de las deudas contraídas en dólares, y la historia de un comedor barrial en la provincia de Buenos Aires que hacía más de una década que apaleaba el hambre de los vecinos con muy poco, y sin ningún apoyo estatal, entre otras. La pobreza, incrementada por la bancarrota y el desempleo, se transformaba en algo inquietantemente cercano y demasiado familiar para las capas medias. A través de esta extrañeza inquietante en el corazón del orden social, la miseria de los largamente ignorados encuentra canales para hacerse visible y articular su demanda.

De la misma forma, el documental *Cartoneros*, de Ernesto Livon-Grosman, explora esta extrañeza inquietante en el orden social encarnada en la historia de la Colo: licenciada en filosofía de la Universidad de Buenos Aires, ex-dueña de una pequeña empresa de remises –servicio de transporte a particulares– que quebró durante la crisis, y cartonera en el momento en que se filma el documental. "En el 2002 la desocupación y la subocupación alcanzaban a casi seis millones de argentinos", y "la recolección de papel y cartón era la vía de supervivencia de 154,000 personas" (*Cartoneros*).

El trabajo de los cartoneros era una de las caras más visibles de la crisis, así como una actividad social altamente controvertida. Es una labor en la cual un cuerpo es sometido a una actividad insalubre en vistas de su supervivencia; hombres, mujeres y niños en condiciones de pobreza se ven forzados a desarrollar una actividad tóxica, no sólo para la salud física sino para la salud mental. Asimismo, es una actividad vista como degradante por gran parte de la sociedad, en la cual la subjetividad de los hurgadores de basura queda confiscada. Por otro lado, cuando se trata de considerar su utilidad, su valor social, se abre paso un hecho bruto: los cartoneros trabajan, y para colmo, trabajan bien. Argentina alcanzó en 2004 el mismo nivel de reciclaje que Holanda; la diferencia es que la de la Argentina fue una tasa alcanzada a tracción a sangre.

Cartoneros reconstruye el proceso de reciclaje en las veredas, donde los cartoneros clasifican la basura, hasta las empresas que transforman lo recuperado en rollos de papel y cartón, pasando por el traslado del material en móviles a tracción humana. Con el fin de vender lo recolectado directamente a la empresa recicladora, evitando los intermediarios, se forman organizaciones y agrupaciones de cartoneros para conseguir un lugar donde almacenar el cartón y camiones para transportarlo. La más notoria es el Movimiento Nacional de Trabajadores Cartoneros, Recicladores y Organizaciones Sociales (MNT CRyOS). Lo que comenzó siendo una actividad aun más degradante que al acto de pedir limosna se transformó en una actividad organizada que amenazaba con limitar la ganancia de las empresas intermediarias. Como ciertamente expresa un participante de MNT CRyOS, "una cooperativa de cartoneros no cuaja en ningún lado, en ninguna mentalidad empresarial, no cabe" (*Cartoneros*).

Para los dueños del capital en el negocio del reciclado no es conveniente que los cartoneros se organicen para mejorar sus condiciones laborales y reducir el plus valor que extraen de su trabajo. De esta manera no tardaron en aparecer empresas que presionaban al gobierno bonaerense para que privatizara el reciclaje de las basuras, lo que proyectaba una industria multimillonaria. La Colo opina al respecto: "te sacan el trabajo y terminan quedándose con lo que vos empezaste a construir, no me cierra [...] nosotros tenemos que salir a defender lo único que nos queda" (*Cartoneros*). Refiriéndose a ese mismo conflicto una voz en *off* expresa hacia el final del documental: "Quién hubiera imaginado que un día volvería a la Argentina a ver cómo los ricos se pelean con los cartoneros por la propiedad de la basura" (*Cartoneros*).

En 2004 la ley número 992 generó un fuerte conflicto al proponer las bases de una política pública orientada a mejorar las condiciones y los medios de trabajo de los cartoneros creando la figura legal, social y económica del recuperador urbano. La misma apuntaba a regularizar el trabajo de los cartoneros mediante la creación de un Programa de Recuperadores Urbanos y Reciclado de Residuos Sólidos en la Ciudad de Buenos Aires, pero fue declarada inconstitucional por amparar el trabajo infantil.

La municipalidad bonaerense reconocía oficialmente a ciento veintiocho jóvenes entre quince y diecisiete años inscriptos como cartoneros; pero, como afirma Ailín Bullentini, los periódicos aseguraban que los menores registrados como cartoneros llegaban a mil setecientos. Asimismo, la Oficina Regional de la Organización Internacional para las Migraciones (OIM) en Buenos Aires, junto con UNICEF, dieron a conocer el resultado de un trabajo de investigación desarrollado entre los meses de octubre de 2004 y marzo de 2005 en las localidades de la Ciudad Autónoma de Buenos Aires, el Partido de Moreno (Provincia de Buenos Aires) y Posadas (capital de la Provincia de Misiones). Tan sólo en Buenos Aires 8,762 personas juntaban materiales reciclables de la basura en las calles, en los basurales y en el relleno sanitario; casi la mitad de los recuperadores urbanos eran niños, niñas y adolescentes, y el treinta y nueve por ciento pertenecía a familias de emigrantes (internos y externos).

Si bien se percibía como anticonstitucional una ley que regulaba el trabajo de los cartoneros, y amparaba a los niños que lo realizaban, no se percibía como anticonstitucional que el gobierno y la sociedad en su conjunto dieran la espalda a los cientos de niños y jóvenes que hurgaban y reciclaban las basuras sin protección de ningún tipo. Tampoco se percibía como un problema ético para la sociedad en su conjunto que los intermediarios y las empresas recicladoras obtuvieran importantes ganancias del trabajo de miles de niños y adolescentes, ni que el gobierno de la ciudad se beneficiara del tratamiento de la basura que los mismos llevaban a cabo sin entregarles nada a cambio. En última instancia, la controversia se debatía entre dos posiciones: pasar por alto una realidad problemática alegando que no debería existir el trabajo infantil, o reconocerla y responder de alguna manera no menos problemática.

La ley mencionada recorrió un largo camino, hasta que en noviembre de 2008, gracias a la presión de cooperativas y colectivos cartoneros, se aprobó una ley a través de la cual los mismos podían, "tras inscribirse como monotributistas, contar con obra social y jubilación" (Bullentini). "El monotributo de los cartoneros independientes es abonado por los actores que les compran lo recogido en las calles", otorgándoles responsabilidad social a las empresas que obtienen importantes ganancias del reciclado (Bullentini). Como sostiene Alberto Cruz, referente de MNT CRyOS: "el plan de empadronamiento es el resultado de un diálogo que cooperativas, agrupaciones y cartoneros independientes mantuvimos a lo largo de varios meses con representantes de las cámaras de cartón, plástico, papel y vidrio, además de gente de AFIP". La ley establece un registro fiscal donde figuran los distintos actores del proceso de reciclaje, cartoneros, intermediarios y hasta las grandes empresas que transforman el reciclaje en materia prima. Según los cálculos de MNT CRyOS, en 2008 eran cerca de cien mil las personas que vivían de recoger y vender cartón, papel, plástico y vidrio en la provincia de Buenos Aires.

En consecuencia, en la poscrisis de 2001 cartoneros, piqueteros, asambleístas y ocupas no eran, únicamente, el tópico favorito de la producción cultural sino una parte importante de la población que ocupaba al discurso público en general. El acentuado protagonismo que adquiere la pobreza en la producción cultural y el discurso público no constituye un problema en sí mismo.[53] El obstáculo para la reflexión, tendiente a banalizar el conflicto de clases mediante la espectacularización de la pobreza, consiste en una discursividad que entiende la poscrisis como espacio donde irrumpe algo desde el grado cero y se autoconstituye. Esta ausencia de historia implicaría analizar los acontecimientos sociales y culturales en términos abstractos, apelando a un elemento místico o romántico.

En otras palabras, el problema está en que cartoneros, piqueteros, ocupas y asambleístas sean tratados como nuevos actores de eventos fulminantes que se autoconstituyen e irrumpen vacíos de historia. Por ejemplo, las afirmaciones de Paolo Virno, en reportaje para el diario *Clarín*, interpretan a "la multitud" de las masivas protestas de diciembre de 2001 como una fuerza política fundante. Con una teoría similar a la establecida por Michael Hardt y Antonio Negri, Virno liga a "la multitud" con algo sin dirección, sin forma ni organización, puro presente que se autoconstituye, amistad en fuga.

En desacuerdo con la interpretación de Virno, el crítico cultural argentino Nicolás Casullo sostuvo que el punto cero de los acontecimientos

---

[53] Las asambleas barriales se organizaron con el objetivo de solucionar problemas prácticos, como organizar ollas populares, apoyar a los piquetes y a los cartoneros mediante la separación de los residuos, o la organización de marchas conjuntas. Como propone Ignacio Lewkowicz, "la asamblea barrial o vecinal no es la idealizada asamblea griega, ni la aburrida asamblea universitaria, ni la evitada asamblea consorcista. El ciudadano griego, el asambleísta universitario y el consorcista tampoco son el vecino cacerolero. La asamblea vecinal generó sus obstáculos, sus límites y su producciones específicas" (143).

en el que se basa la idea de multitud es absolutamente irreal, conceptual y abstracto, creado por la espectacularización de los medios masivos de comunicación: "[y]o diría que esa mirada que hace aparecer la cosa como una irrupción es la típica mirada de la sociedad massmediática". Por su parte, Horacio González intervino en la discusión argumentando que al concepto de multitud hay necesariamente que articularlo con la historia de lucha sindical partidaria y política de la Argentina, con el concepto de masa y de clase, para que no pierda su validez. Sin embargo, a pesar de coincidir con Casullo en su crítica a Virno, González opinó que Casullo "[s]e pierde la posibilidad, sin duda más plebeya, de considerar la novedad de lo que está ocurriendo. Y todo por criticar, con razón, a una de las tantas modas intelectuales que desembarcan periódicamente".[54]

En una apuesta por articular la historia reciente argentina la literatura de Washington Cucurto, seudónimo literario de Santiago Vega, es campo fértil para el análisis de la reconfiguración social argentina hacia el cambio de milenio, y de las tensiones asociadas a ésta en el campo cultural. La literatura del cuestionado poeta quilmeño incursiona en el mundo de los inmigrantes indocumentados, uno de los sectores más afectados por la crisis de 2001, más negados y, a la vez, más explotados en la sociedad argentina.[55] "¡Salute, rey dominicano, salute paraguas, bolis, perucas,

---

[54] González utiliza el término *plebeya* en contraposición al tilde aristocrático que percibe en la crítica de Casullo a los eventos del 2001: "[m]i amigo Nicolás Casullo se equivoca en la nota que leí hace unas semanas en *Página / 12* y en un reportaje que leí en La Capital de Rosario, cuando cree que describiendo con sorna la historia cultural de la clase media argentina con sus hábitos alimentarios, sexuales y bancarios (que vendrían a ser lo mismo), se puede desmerecer una de las experiencias prácticas más importantes de las últimas décadas de historia política argentina. Hay en este ensayo de estigmatizar a una genérica 'clase media' —claro que descripta por Nicolás con la argucia del buen novelista que la ve enamorada de la salsa golf y del viaje tilingo a Miami— un cierto tilde aristocrático. En el sentido de que el aristócrata nunca ve con buenos ojos la defensa obstinada del mundillo inmediato de los intereses directos."

[55] Dos ejemplos de las condiciones de los extranjeros indocumentados en Argentina son los Talleres clandestinos, o maquilas, mayormente integrados por bolivianos indocumentados, ubicados en plena capital bonaerense. Fueron denunciados en el 2008 por miembros de la cooperativa *La Alameda*, quienes sufrieron posteriormente brutales agresiones. La misma cooperativa denunció en 2010 la "trata de personas" en algunos de los más de cuatrocientos prostíbulos de Mar del Plata, donde se mantienen en cautiverio mujeres, en su mayoría paraguayas y dominicanas, las veinticuatro horas del día al servicio de los clientes. (Rodríguez). Asimismo, ver al respecto de las condiciones de vida de los inmigrantes ilegales en Buenos Aires la película *Bolivia* (2001) de Adrián Caetano.

dominicas, croatas, rusitos, ucranianos y serbios del mundo, salute, éste es el himen donde sus sémenes se mezclan!" (Cucurto, *Cosa de negros* 73). La escena se completa con los inmigrantes internos de las zonas más pobres del país: chaqueños, tucumanos, salteños, quilmeños, etc. Ellos son la materia prima de su literatura, pero "no como se los quiere mostrar todo el tiempo, con esa cosa tan fea de lástima social. Es una épica imposible para estos tiempos" (Cucurto, "Arrebatos").

Cucurto pertenece a las generaciones de escritores de los noventa en adelante; para los parámetros culturales que marcaron la literatura argentina del pasado siglo, su literatura podría parecer "un fraude, una simulación, un chantaje" (Aira, "Los poetas"). Al igual que *Cartoneros* y *La dignidad de los nadies*, su literatura es una expresión de la transformación de la configuración social argentina, y del desmantelamiento de la clase media, la cual, proponiéndoselo o no, se acercó, en varios sentidos, a los que padecían las más devastadoras consecuencias de veinticinco años de un modelo económico orientado a la concentración de la riqueza, el saqueo y el empobrecimiento.[56]

> Era un atardecer fulminante, lleno de colores, olores y sabores. La gente llenaba las librerías y los bares. Las veredas de los teatros estaban colmadas y una multitud hacía cola en la puerta de los cines. La engañadora Buenos Aires se vedeteaba de lo lindo; siempre viva y majestuosa, repleta del linaje más extravagante, poblada hasta la testa de un bicherío infernal [...] observá los culones que viven bien, rodeados de lujos y caprichos; y ahí nomás, a la par, el bicho vulgar de la existencia respirando el mismo aire; miles, prendidos a la que salga como garrapatas, puchereándola como sea, sacando la lengua a cada respiración. Saltando como lauchas. (*Cosa de negros* 73)

La clase media argentina que caracterizó al país en los años 60, reconocida por su solvencia económica, laboral y educativa, es desplazada por miles que sobreviven con changas, horas en negro y trabajos zafrales, "el bicho vulgar de la existencia". Cucurto invita al lector a incursionar en un mundo que le queda ahí nomás, a la par, pero que sin embargo desconoce, percibiéndolo como lejano, ajeno y amenazante. Nos invita a

---

[56] Ver al respecto el documental de Pino Solanas *Memorias del saqueo*.

incursionar en las subculturas que vibran en las calles y en la noche del gran Buenos Aires con la cadencia y el ruido de la cumbia. Somos bienvenidos en el umbral de una función a punto de comenzar:

> *Señoras y señores, bienvenidos al fabuloso mundo de la cumbia. Están por ingresar con boleto preferencial (y en una Ferrari) al magnífico barrio de Constitución, cuna de la mejor cumbia del mundo, lugar donde todo es posible [...]. Controlen sus bolsillos, cuiden sus carteras. Enamórense, ruborícense, sorpréndanse con estos dominicanos del demonio, con estos paraguayos de la San Chifle. Pasen, pasen, están ustedes invitados [...].* (Cucurto, *Cosa de negros* 64, resaltado del autor)

El escenario es el teatro de la cumbia villera, las bailantas y los hoteles de Constitución, habitado por personajes endiablados por la cumbia: "[a] mí lo que me mata es la cumbia, misky, me da ganas de singar, de beber, de culear por el culo, de robar, de asaltar. Es este berrinche del demonio, esta batata enjilguera la que nos mata, la que nos llevará a la tumba o a la perdición a todos [...]" (41).

Nancy Fernández propone que en la literatura de Cucurto es "como si la auténtica 'verdad' (del 'actor' o de la anécdota), consistiera paradójicamente en su máscara o su disfraz" ("Cucurto"). Su estilo se caracteriza por cierta incoherencia y un carácter formal caótico. Como en una caricatura, las exageraciones acentúan a la vez que deforman los rasgos característicos de sus figuras preponderantes. Los estereotipos culturales de la Argentina contemporánea se acumulan hasta explotar el verosímil realista de los cinturones marginales bonaerenses. Su escritura "se define en la tensión de los extremos entre lo verosímil y lo verídico, procedimiento presente también en Copi, en Osvaldo Lamborghini y en César Aira" (Fernández, "Cucurto").

Al igual que Aira, Santiago Vega juega con la identidad del escritor en la literatura. Cucurto, además de ser su seudónimo literario es el personaje central de todas sus novelas. "[...] con un narrador en tercera persona, Vega exaspera el vínculo paradójico entre el seudónimo y su verdad" (Fernandez "Cucurto"). La vida privada de ambos autores se mantiene en reserva, mientras que Cucurto y Aira, personajes, tienen fuerte presencia en sus novelas. En *El llanto* César Aira es el marido despechado que asiste por televisión a su propia tragedia: el alumbramiento de su esposa de los quintillizos de su amante japonés. En *Las curas milagrosas del Dr. Aira*, el doctor Aira está casi a punto de curar el cáncer cuando es vilmente engañado por su archienemigo, el villano de un famoso cómic. En *El congreso de literatura* el personaje narrador es un escritor mediocre que intenta clonar al escritor mexicano Carlos Fuentes; y en *Los misterios de Rosario* el personaje narrador es un profesor universitario de literatura, abatido por el paso de un tiempo que no lo favorece. Asimismo, en *Cosa de negros*, Cucurto –el Sofocador de la Cumbia– recién llegado de la República Dominicana, termina prontamente de bruces en la calle, obstruyendo el paso de tacheros y colectiveros.

> '¡Tucumano sembrador de papas!', lo confundía con un tucu el vocinglerío del peonaje transportista nacional. '¡Andá a arrancar limones!' '¡Qué te creés que estás en las vías de un ingenio!' '¡Negro lamedor de caña!' '¡Correte que te piso, mandarina!' '¿Quién sos? ¿Palito?' '¡Dale cabeza de higo, hacete a un lado que te hago mermelada!' 'Dejá de lengüetear el asfalto que ahí no crecen limones!'.
> (Cucurto, *Cosa de negros* 68)

La escena tiene varios puntos de contacto con una escena del cuento "La causa justa", trabajada en el capítulo dedicado a Osvaldo Lamborghini, en la cual dos extranjeros –japonés y polaco– reciben sendos agravios en la vía pública.[57] En ambas escenas, las violentas reacciones de los transeúntes hacia los extranjeros, que obstaculizan la rutina de su quehacer diario, se enmascaran en un populachero tono de "chiste" que pone el humor al servicio del racismo y la xenofobia. En dos contextos sociohistóricos distintos, 1982 y 2004, el uso del humor en su literatura subraya un humor chabacano en el cual se pasan por alto el racismo y la xenofobia de la realidad cotidiana. Su escritura desnaturaliza la xenofobia y el racismo exponiéndolos, irónicamente, a su propio ridículo. Al trabajar con situaciones cotidianas, aparentemente carentes de trascendencia político-social, su literatura enfrenta al lector con lo inquietantemente

---

[57] "Vení, colchón meado (*Jansky era rubio*), repetímelo a mí si tenés pelotas, ¿no ves, gil, que el japonés no te mata a lo Kun-fu porque te tiene lástima? Seguro que como hombre serio, impasible oriental, por no destrozarle el corazón a tu pobre madre. ¡Pero vení, hijo de puta, yo me cago en tu madre! [...]" (Lamborghini, "La causa justa" 39).

cercano de afectos que no reconocería fácilmente como propios. Afectos como la xenofobia y el racismo son fuertemente rechazados cuando se los aborda, no como un problema de un determinado sector social sino como parte de la subjetividad de toda una época, incluida la propia. Con palabras del humorista Diego Capusotto diríamos que "[l]o que tiene el humor es que, a veces, deja al desnudo la propia miseria y es algo que no nos gusta ver" (12).

Sin embargo, en ocasión de su libro de poemas titulado *Zelarayán*, el director de la biblioteca de una localidad santafesina denunció a la literatura de Cucurto de pornográfica y xenófoba, ante la Comisión Nacional de Bibliotecas Populares. La Secretaría de la Cultura y Medios de la Nación sostuvo la acusación, y "el Ministerio de Educación de la Provincia de Santa Fe prometió llegar hasta las últimas consecuencias por considerarlo 'un material realmente deplorable'" (Prieto, "Arrebatos"). En 2001 la colección de poemas fue retirada de las bibliotecas populares. Paradójicamente, bajo la anterior dirección, *Zelarayán* había sido distribuido por la Comisión Nacional de Bilbiotecas Populares, dado que, también paradójicamente, en 1998 la Secretaría de la Cultura y de Medios de la Nación subvencionó su edición.

Zelarayán asume, si tapujos, el racismo y la xenofobia bonaerense, lo cual dificulta su reproducción y aceptación como literatura nacional. Un libro que, en primera instancia, fue subvencionado por la Secretaría de la Cultura y Medios de la Nación y distribuido por la Comisión Nacional de Bibliotecas Populares, y al que en una segunda instancia estas mismas instituciones, secundando la opinión del Ministerio de Educación de la Provincia de Santa Fe, lo consideran "un material realmente deplorable", subraya la negación que sostiene el ideal de cultura nacional (Prieto, "Arrebatos"). Al ampliar los horizontes de aquello concebido como literatura nacional, se modifica el ideal de nación, y con ello se ponen en cuestión los círculos de poder que se adjudican el rol de velar por ambas: cultura y nación.

Ángel Rama, en su conocido libro *La ciudad letrada*, argumenta que en Latinoamérica, la complicidad de los sectores letrados con los círculos de poder tiene su raigambre en los tiempos de la colonia.[58] El autor sostiene que la metrópolis se apoyaba en los sectores letrados para mantener un orden que asegurara el dominio y el control sobre sus colonias. Los dueños de la lengua española la impusieron como lengua oficial, transformando la mayoría de la sociedad en sectores analfabetos, dependientes de quienes supieran manejarla. Por ende, ser letrado era ser capaz de leer y escribir en sociedades mayormente analfabetas, lo cual además de ser un distintivo de clase era un distintivo de poder; los letrados eran quienes redactaban leyes, edictos, reglamentos y sobre todo constituciones. "En territorios americanos, la escritura se constituiría en una suerte de religión secundaria, por lo tanto se pertrechaba para ocupar el lugar de las religiones cuando éstas comenzaran su declinación en el XIX" (Rama 41).

Rama sostiene que a partir de la colonia se constituyeron en el comportamiento lingüístico dos lenguas separadas. Por un lado, estaba la lengua pública y oficial de las instituciones, utilizada en la oratoria religiosa, las ceremonias civiles, las relaciones protocolares de los miembros de la ciudad, y fundamentalmente en la escritura. La misma estaba fuertemente influenciada por la norma cortesana proveniente de la península, y se encarnaba en expresiones barrocas de larga duración. Por otro lado, estaba la lengua popular y cotidiana, utilizada por un amplio conjunto de desclasados: mulatos, zambos, mestizos y todas las variadas castas derivadas de cruces étnicos. "El habla cortesana se opuso siempre a la algarabía, la informalidad, la torpeza y la invención incesante del habla popular, cuya libertad identificó con corrupción, ignorancia, barbarismo" (Rama 53).

Sin embargo, a pesar de su aguda crítica a la complicidad de los letrados con los abusos del poder, el autor sostiene que "todo intento de rebatir, desafiar o vencer la imposición de la escritura, pasa obligatoriamente por ella. Podría decirse que la escritura termina absorbiendo toda la libertad humana, porque sólo en su campo se tiende la batalla de nuevos sectores que disputan posiciones de poder" (60). Para subvertir el orden hegemónico es necesario subvertir el artefacto de dominio: la escritura.

---

[58] En la época de la colonia los letrados fueron cómplices de los abusos de poder de los antiguos delegados del monarca; y en el período posrevolucionario fueron cómplices de la elite militar y de los caudillos que sustituyeron al poder monárquico en la conformación de los Estado-nación.

Desde fines del siglo diecinueve en la Argentina la literatura fue campo fértil para las luchas de poder entre los escritores marginales y los escritores de la elite criolla. Los primeros luchaban por su acceso a las letras argentinas, los segundos por el control y la exclusividad de las mismas. Los escritores marginales eran publicados por escasas imprentas editoriales de corta duración o en revistas literarias de carácter alternativo y muy baja circulación. La narrativa de Roberto Arlt (1900-1942) es uno de los ejemplos más emblemáticos. De padre alemán y de madre tirolesa de lengua italiana, fue considerado por la mayor parte de la crítica y los círculos literarios de su época como un analfabeto que atentaba contra la pureza del idioma español. Su literatura se construyó con el habla de los ladrones, los vagabundos, las prostitutas y los inmigrantes; pero esto no era contra lo único que atentaba su escritura; cuestionaba también las instituciones sociales como el matrimonio, la propiedad privada y los tribunales de justicia. A la vez que incursionaba en una subcultura constituida como el exceso y el límite de la cultura dominante ponía en duda la idea de cultura, de progreso, de familia y de nación.

Otro ejemplo emblemático es la obra de Manuel Puig (1932-1990), destacada por utilizar el lenguaje y los estereotipos popularizados por el cine, las series de radio y las revistas del corazón. Santiago Colás destaca que las crisis político-económicas de la segunda mitad de siglo en la región aumentaron la presencia de expresiones orales en la escritura y radicalizaron el uso de los medios masivos de comunicación en la literatura (76-78). Como también apunta Josefina Ludmer, las crisis económicas aceleraron el paso de la "ciudad letrada" o el "arte de la biblioteca" a la cultura de masas (292). Y en la misma línea, el libro de Jean Franco, *Decadencia y caída de la ciudad letrada,* destaca en la segunda mitad del siglo veinte la presencia de formas de expresión urbanas pero marginales en la literatura latinoamericana, que marcan la apertura de la 'ciudad letrada' a las tradiciones orales, mestizas, indias y populares.

Desde una muy distinta perspectiva pero aludiendo a la misma tensión, Jacques Lacan adjudica cierta ambivalencia a la función de la cultura letrada, los intelectuales y las instituciones culturales, a los que engloba en el término 'discurso universitario'. El mismo es uno de los "cuatro *inpromptus*" que regulan las relaciones entre los sujetos: el discurso del amo, el discurso universitario, el discurso de la histeria y el discurso del psicoanálisis (*El reverso* 4). Por un lado, el discurso universitario es el heredero del discurso del amo, en el cual el saber ocupa, paradójicamente, el lugar del esclavo: el saber se desprende de su relación intrínseca con la falta de saber, y queda al servicio de un significante maestro (S_1). "S_1 es, digamos, para ir de prisa, el significante, la función de significante en que se apoya la esencia del amo" (Lacan, *El reverso* 19*)*. Esta última no se concibe como efecto estructural de la red a la que pertenece sino como efecto de su propia autoridad, a partir de la cual se articula un discurso que ostenta conocer todos los decursos y todas las dicotomías: un cúmulo de conocimiento fijo y estable tendiente al dogmatismo.

El discurso del amo deja un legado difícil de sortear para el discurso universitario. El discurso universitario privilegia el saber, pero se trata del saber acumulado por los amos-maestros; un saber ya constituido, aceptado e institucionalmente legitimado, que percibe los saberes ajenos a sí mismo como amenazantes. La función principal del discurso universitario, asociado al discurso del amo, es obstaculizar el advenimiento de nuevos significantes, nuevos conceptos y categorías, nuevas interpretaciones que atentan contra un orden simbólico dado. Por ende, esclavo de los maestros-amos, el saber universitario recoge y organiza los discursos a través de la pedagogía, con cuidado de excluir todo aquello que pueda desestabilizarlo.

Sin embargo, por otro lado,

> ¿quién puede pensar siquiera por un instante que se puede detener lo que en el juego de los signos […] reclama la tentativa teórica de someterse a la prueba de lo real, de forma tal que al revelar lo imposible hace surgir de él una nueva potencia? (Lacan, *El reverso* 110)

El orden simbólico en el que se sostiene el discurso universitario no está exento de lo real de su propia letra, que lo enfrenta a la falta de saber en su estructura discursiva, a la inconsistencia que resiste al saber en su faz de dominación y usurpación.[59]

---

[59] Como desarrollé en el primer capítulo entiendo lo real con Aira como "la experiencia irreducible al pensamiento, lo previo, lo inevitable y a la vez lo inalcanzable", con lo cual enfrenta al realismo a una heterogeneidad radical que no acepta cobertura lógica que la explique ("La innovación"

Zelarayán deja al desnudo las inconsistencias del ideal de cultura nacional que sostienen los entes estatales de cultura, en las cuales se fractura y se destaca la condición ambigua del "discurso universitario", o de los intelectuales, o letrados, como los denomina Rama. Las instituciones nacionales de cultura tienen entre sus fines velar por el acervo cultural de la nación, lo cual implica regular la práctica literaria de acuerdo con un ideal de cultura determinado, que data de una larga historia y una importante variedad de formatos y formulaciones. El ideal de cultura nacional se asocia a un discurso amo que delimita el corpus de lo que una época considera como cultura: recoge, organiza, legitima y otorga valor, en pos de la estabilidad de un determinado orden, con cuidado de excluir y penalizar todo aquello que le signifique una amenaza.

Sin embargo, las mismas instituciones culturales que lo condenan son las que en una primera instancia, premian, editan y distribuyen *Zelarayán*. Sin duda que no pudo tratarse más que de un 'equívoco', pero un 'equívoco' que denota la negación que sostiene el ideal de cultura dentro de las estructuras de dominación en el ámbito de lo que se define como cultura nacional. *Zelarayán* trabaja con el racismo y la xenofobia presentes, ya ahí, en la actualización de las relaciones interpersonales, y subraya aquello que no tiene lugar en el ideal de cultura nacional; pero que, sin embargo, se encuentra en su núcleo en condición de exclusión, oculto a la vista de todos en la superficialidad del lenguaje que circula fuera y dentro de las instituciones culturales.

La escritura de Cucurto es en sí misma "discurso universitario" o "letrado" y, a la vez, es escenario de la lucha de sectores sociales excluidos por un lugar en la cultura, la sociedad y la economía del país. A pesar de la fuerte controversia generada por *Zelarayán,* de haber sido decretado "un material realmente deplorable" por las instituciones culturales de la nación, Cucurto publicó en 2000 su libro de poemas *La máquina de hacer paraguayitos* con la editorial independiente Siesta; más adelante publicó con la editorial independiente Interzona *Cosa de negros* y *Las aventuras del Sr. Maíz.* Algunos de sus poemas aparecieron en antologías publicadas en

---

22); y con Jacques Lacan como aquello que no se manifiesta únicamente como vacío sino también como repetición (xi). Si lo real es lo que no cesa de no inscribirse en lo imaginario y en lo simbólico, es a su vez lo que no cesa de retornar.

México, Chile y Alemania; y su libro de versos, *Hatuchay*, fue publicado con el sello mexicano El billar de Lucrecia, y posteriormente, con Ediciones Vox en Buenos Aires. Por otra parte publicó con Eloísa Cartonera, editorial cofundada por el autor, su colección completa de poesía, *1999*. Cuando Martín Prieto le pregunta "¿[q]ué es Zelarayán?", Cucurto contesta:

> Un libro que tiene mucho que ver con mi vida, con mi infancia, con mi padre, vendedor ambulante que les vendía cosas a paraguayos, bolivianos, salteños, peruanos [...]. En un momento tuve la necesidad de contar ese mundo, toda esa cosa de la inmigración. Pensaba que si no lo contaba yo, no lo contaba nadie. Se perdía en el tiempo. ("Arrebatos")

Esta vocación por la "transcripción de una voz viva" es la marca de Ricardo Zelarayán en el libro que lleva su nombre, y en la literatura de Cucurto en su conjunto. La escritura de Zelarayán se acerca más a la fluidez del lenguaje oral que a la fijeza estructural de la palabra escrita. Esta marca indiscutible pertenece a una configuración más amplia en el campo de la literatura argentina, que a principios de la década de los 70 jugó un papel ineludible a través de la revista *Literal*. Zelarayán junto con Osvaldo Lamborghini, Germán García, Luis Guzmán, Lorenzo Quinteros y Jorge Quiroga fundaron la revista *Literal*, en la cual Zelarayán no intervino posteriormente, y participaron esporádicamente Héctor Libertella, Josefina Ludmer y Oscar del Barco, entre otros.

El afiche de lanzamiento de *Literal* afirmaba que el arte de la poesía consiste "más que en cortar versos o componer estrofas, en 'captar el lenguaje que escapa de la convención de la vida lineal y alineada'" (Prieto 430). Lo perturbador no es el aforismo sino que a través de él los de *Literal* disputaban "con la tradición realista –narrativa y poética– de los años cincuenta y sesenta una concepción de literatura nacional" definida a partir de sus temas y de la mimesis del habla sobre todo porteña (430). Por el contrario, los miembros de *Literal*, respaldados en *El Fiord* de Osvaldo Lamborghini, sostenían que la literatura nacional se definía por "la transgresión de 'los límites de la literatura' a favor de 'una palabra que se enuncia en su práctica, sin alucinar la vida'" (430). La vida, al igual que para los realistas, es para los de *Literal* la vida nacional, pero ésta no se obtiene en literatura a partir de su representación verosímil de la realidad nacional sino que emerge y se manifiesta en el lenguaje; afirmación en la que se ven las influencias del psicoanálisis lacaniano, la lingüística possaussuriana y el deconstruccionismo derrideano en el proyecto de *Literal* (430).

La escritura de Cucurto, al igual que la escritura de los autores agrupados en *Literal*, trabaja "con materiales ajenos a la estética clásica, con restos del lenguaje y desperdicios de la lógica racional" al empujar fuera de sí los límites de lo que las instituciones culturales legitiman como cultura nacional (Fernández "Cucurto"). Su literatura exaspera las líneas claves del escenario marginal bonaerense, lo que da por resultado una caricatura plagada de hipérboles que, si bien rompe el verosímil realista, subraya los excesos mediante los cuales las culturas marginales son, generalmente, reconocidas, encasilladas y excluidas por el resto de la sociedad.

Sin embargo, a diferencia de la literatura agrupada en torno a *Literal*, en Cucurto el exceso de visibilidad y la insistencia en ciertos aspectos de la subcultura que aborda disminuyen la potencialidad crítica de su escritura. En ella se despliega un acervo de conocimiento fijo y estable, que conoce los decursos y las dicotomías de la subcultura con la que trabaja, lo que da por resultado personajes sin ambivalencias, sin extravíos, sin dobleces, idealizadamente unívocos. Como asimismo lo expresa el autor: "en mis libros los dominicanos, los paraguas tienen la posta, la agitan, son partícipes plenos de lo que pasa [...] Son ellos mismos [...] " (Cucurto, "Arrebatos"). Su escritura pasa por alto lo desconocido e insondable de la realidad con la que trabaja. El saber se desprende de su relación intrínseca con la falta de saber y queda al servicio de un discurso que se presenta como efecto de su propia autoridad. Como propone Lacan, "éste es el principio [...] del discurso hecho amo –es que se cree unívoco" (*El reverso* 108). Este exceso de certeza otorga a su literatura cierta linealidad que opaca su potencialidad política. Paradójicamente, su escritura corre el riesgo de ocupar el lugar de aquello que desafía transgresoramente: el de un saber dominante en el ámbito de la cultura que tiende "al lugar ocupado en un principio por el amo" (Lacan, *El reverso* 109). En otras palabras: lo cómico, lo torpe, lo infantil e inapropiado, que caracteriza su literatura, se opaca al perder de vista lo raro, lo intrincado y desconocido, lo imposible de la subjetividad a la que se vincula.

La literatura de Cucurto se inscribe en la tradición literaria argentina como campo de batalla en el que se disputan posiciones de poder en torno a la cultura. Asimismo, se inscribe en la tradición de las letras argentinas de captar la vida nacional que emerge y se manifiesta en el habla y los hábitos de las subculturas bonaerenses, a través de lo cual incursiona en el racismo y la xenofobia pasados por alto en la cotidianidad. En la literatura de Cucurto no es posible (re)conocer a la Argentina como el país próspero, culto y sofisticado que en el pasado siglo supo ser el *taste-maker* sudamericano; al menos, no sin considerar una transformación en los parámetros culturales hegemónicos que posicionaban a la literatura como expresión de la *alta cultura* y al libro como objeto sublime de la misma.

Lo novedoso en su literatura atañe a la articulación de la transgresión en la escritura con una pérdida: una tendencia a renunciar a la creación de obras de arte en pos de la construcción de espacios en los que se genera una interacción desconocida, impredecible y amenazante en torno a la literatura. Una interacción que involucra artistas y no artistas por largos períodos de tiempo, y apunta a la construcción de formas experimentales de organización e intercambio social.[60] En el caso de la literatura de Cucurto esta tendencia, general a la producción cultural de la poscrisis, se materializa en el proyecto editorial Eloísa Cartonera.

---

[60] Reinaldo Laddaga, en *Estética de la emergencia: la formación de otra cultura de las artes*, considera que las expresiones culturales de la poscrisis argentina forman parte de una transformación mundial en la cultura de las artes. Estudia específicamente tres experiencias artísticas: Proyecto Venus (Argentina 2001), Wu Ming (Italia 1998) y *La comuna-París 1871* (Francia 1999). El autor propone que estamos en una fase de cambio de la cultura artística, comparable en su extensión y profundidad a la transición que tenía lugar entre finales del siglo dieciocho y mediados del diecinueve, momento en que se configuraba la modernidad estética. En esta última, la obra era el objetivo paradigmático de las prácticas del artista, materializadas en el cuadro o el libro, puestos en exhibición en espacios clásicos destinados a un lector o un observador silencioso. Esta configuración se desplegaba en concordancia con la modernidad del capitalismo industrial y el Estado nacional, por lo que no es casual que ambas agudicen su crisis a la vez (7-8). En la contemporaneidad comienza a configurarse una cultura de las artes diferente a la moderna y a sus estribaciones posmodernas, en la que se destaca la agrupación heterogénea de decenas o cientos de personas explorando formas experimentales de intercambio y organización social en torno al arte (21-22). Esta nueva configuración de la cultura artística es la representación en el espacio público de una resistencia a cerrar la discusión y la puesta en común: "una demanda del tiempo que hace falta para formular una ética y una política en interdependencia" (214).

¿Otro chiste?: libros cartoneros y literatura *sudaca border*

Cartonera comienza en marzo de 2003, cuando el escritor Washington Cucurto y el artista plástico Javier Barilaro deciden ampliar el trabajo autogestivo y artesanal que realizaban para sus publicaciones y fundan Eloísa Cartonera, con el apoyo de la escritora y artista plástica Fernanda Laguna, cofundadora asimismo de la sala de exposiciones y asociación cultural Belleza y Felicidad. Barilaro relata el origen del proyecto de la siguiente manera:

> Cuando conocí a Cucurto, me decía: "hagamos una editorial, pero que los libros generen algo más" [...] Primero hicimos Arte de Tapa, libros de poesía, en los que cada tapa era un original-único de un artista. Después Ediciones Eloísa, libros de colores para difundir poesía latinoamericana. Y un día se le ocurrió que estaría buenísimo trabajar con cartoneros, quien sabe todo lo que se podía generar. (*No hay cuchillos* 18)

El proyecto nació en un garaje de la calle Guarda Vieja de Almagro, un barrio de clase media trabajadora de Buenos Aires. El garaje oficiaba en un principio como local de venta de frutas y verduras frescas, y de compra de cartones para su posterior venta al por mayor a la industria recicladora. Cartonera se inaugura en la devastada situación socioeconómica que dejó tras de sí la crisis de 2001, sin acceso a crédito estatal, sin sistema de distribución formal ni rubro para publicidad, y fundamentalmente sin imprenta.

Los libros se producían mediante fotocopias que se engrampaban o se pegaban a las tapas de cartón. La técnica utilizada en el pintado de las tapas es el estencil –instrumento característico del graffiti– pero en vez de aerosoles se utilizan pinceles y acuarelas sobre las tapas de cartón. El primer paso es el cortado del cartón que oficia de tapa y contratapa con una hoja de filo (trincheta). Sin embargo, el proceso no es estándar, puede variar: "si te da ganas ese día de pintar una tapa con tempera y pinceles porque te inspiraste, venís y la pintás [...] Algunos tienen fondo, otros no, algunos sólo letras, algunos dibujos" (Barilaro, "Libros" 30).

Como apunta Barilaro, "la idea no es que se parezcan a una edición importada ni mucho menos: por eso decimos que no son libros de cartón, son libros cartoneros. Así como existen las ediciones de bolsillo, nosotros creamos este modo" ("Libros" 30). Por otro lado, el cartón trae sus características que no se borran totalmente como en el reciclado sino que permanecen en el libro. "Cada cartón trae lo suyo y nosotros lo intervenimos, no lo reciclamos. A veces usamos cajas de shampoo o de jabón en polvo y se siente el aroma" ("Libros" 30). La estética indigente, colorinche e infantil de los libros cartoneros se suma a su precio de venta, tres veces menor que el precio de venta promedio de los libros en librerías, e interrumpe el curso habitual del libro y de la cultura letrada en la Argentina.

En la contratapa de los libros cartoneros se lee: "Colección Nueva Narrativa y Poesía Sudaca Border". La palabra *sudaca* es comúnmente utilizada para referirse a la inmigración sudamericana que llega a España buscando mejorar su calidad de vida, fenómeno que aumentó notoriamente con la crisis de 2001 al atender a la inmigración de argentinos. La palabra connota la percepción del extranjero como una amenaza para la organización social, el orden y el progreso del país: oportunistas, ilegales, muertos de hambre. Al igual que las palabras *bolita* o *paragua* –utilizadas para referirse a la inmigración indocumentada de bolivianos y paraguayos en la Argentina– la palabra *sudaca* expresa la xenofobia pero hacia la inmigración sudamericana en España, incluidos los argentinos.

Argentina se ha percibido a sí misma, largamente, como centro "culto, próspero, sofisticado, el *taste-maker* sudamericano" (Aira, "Los poetas"). El término *sudaca* subraya esta fantasía ideológica al destacar la condición indistinta de Argentina respecto del resto de Sudamérica, desde la perspectiva de los españoles que los reciben como inmigrantes. Por ende, la palabra *sudaca* en este contexto funciona como un *boomerang* en el cual la forma de percibir y juzgar a la inmigración sudamericana en Argentina es devuelta a sus propios emigrantes en España.

Por otro lado, *border* es una palabra en inglés que, al igual que *sudaca*, refiere a un margen. Ambas combinadas dan por resultado una redundancia que juega con el significado de las palabras, y subrayan el margen de un margen: *sudaca* y además *border*; y como si esto fuera poco, estos *sudacas border –bolitas, paraguas,* pero también tucumanos, salteños y chaqueños– hacen literatura.

Al seguir la misma lógica Eloísa Cartonera denomina su catálogo como "el más colorinche del mundo." Algo colorinche connota la falta de buen gusto en la combinación de los colores, y se refiere así a algo carente de estatus social y nivel cultural. Irónicamente, el término es usado como adjetivo de la literatura publicada. Al igual que *sudaca border*, colorinche parece alejarse de lo que comúnmente significa, y se burla así de los parámetros del buen gusto y de la alta cultura en los cuales se reproducen y perpetúan relaciones sociales jerárquicas de dominación y sometimiento. De la misma manera, la heterogeneidad de los miembros de la editorial junto con su forma de organización laboral y económica ponen en cuestión los estereotipos mediante los cuales se compadecen, pero a la vez se someten a las subculturas de inmigrantes externos e internos del gran Buenos Aires.

Los hermanos Ramos: Daniel, David y Alberto, "fueron los primeros en venir a trabajar [...] los trajo Fernanda [Laguna], que los conoció recolectando cartón en Plaza Once" (Barilaro 8). Por otro lado, Ricardo fue invitado por Cucurto a publicar algunos de sus trabajos en la colección de cartón:

> lo mío fue molestar a Cucurto para que me publique, [...] Estarle encima de la edición pasando por el local de Guardia Vieja. Y un día ayudé a pintar con esténcil una tapa de *Evita vive* de Perlongher. Y como estaba desempleado, decidí ir al día siguiente. (*No hay cuchillos* 16)

El encuentro semanal de cartoneros, estudiantes universitarios, porteros de barrio, artistas plásticos y escritores enriquece el espacio en torno al libro cartonero para reinventar el lugar que ocupa la literatura en la red social. María Gómez, una estudiante que realizaba un trabajo de investigación para la Universidad de Buenos Aires y se quedó trabajando en el proyecto, señala en una entrevista personal al referirse al libro cartonero:

> No queremos que sea un objeto artístico único y original, porque habría que cobrarlo como tal, tampoco una seriación de copias de reproducciones. Lo que

nos interesa es que circule, que sirva para difundir autores que no se conocen, que no se leen; éste es uno de los frentes de batalla de la editorial. (26 Jul 2006)

Dado su elevado precio en relación con el sueldo mínimo fijado por ley, la mayoría de los libros eran privativos para gran parte de la sociedad argentina en el cambio de milenio. El bajo precio del libro cartonero posibilitaba su circulación en circuitos en los que los libros no circulaban comúnmente. Asimismo, como expresa María Gómez, el libro cartonero

> no es un libro para desempolvar en una biblioteca, puede servirte para apoyar la caldera de agua para el mate, para estar en la mesa, para que lo lea cualquiera en el ómnibus; pero a la vez, esto es un problema para algunos que dicen que se desvaloriza el valor cultural del libro. (25 Ago 2008)

Si el libro cartonero desvaloriza el valor cultural del libro, entonces, qué le otorga valor cultural al mismo: ¿la tapa dura?, ¿el diseño de la portada?, ¿el sello editorial?, ¿el elevado precio?, ¿la circulación reducida? El libro cartonero pone en cuestión ciertos indicadores impuestos por la industria cultural, gobernada por editoras multinacionales, y naturalizados en la cultura.

Si nos atenemos a los parámetros establecidos a lo largo del siglo veinte por la industria cultural, el libro cartonero no es más que un fraude, una simulación, un chantaje. Su aspecto cómico e infantil es una parodia del libro clásico, y "en la parodia siempre entra el odio y el amor", el homenaje y la burla (Lamborghini, "El lugar del artista" 48). El libro cartonero subraya ciertos indicadores del valor cultural que reducen los libros a la categoría de fetiche de la alta cultura; y paradójicamente, el fetiche se asocia con el simulacro, el fraude y el chantaje. La parodia del libro cartonero subraya la simulación y el chantaje de los parámetros que otorgan valor al libro clásico.

Que el libro pierda valor cultural porque el material de sus tapas es cartón reciclado de la basura, y su precio un tercio del promedio, parece una confusión, un malentendido digno del mejor de los chistes; pero un chiste en el que se sostiene gran parte de la industria cultural, un chiste "que se anula a sí mismo por lo largo. Ya no se lo escucha: se habla de otra cosa" (Lamborghini, *Novelas y cuentos II* 19). El proyecto editorial Eloísa

Cartonera acentúa la carcajada en "el catálogo más colorinche del mundo" y en la "Nueva Colección de Narrativa y Poesía *Sudaca Border*", como forma de escuchar el chiste. El libro cartonero bordea, proponiéndoselo o no, una cuestión para nada graciosa: la imposibilidad de acceder al libro como objeto de lectura de una importante parte de la sociedad argentina, de "los nadies", los ignorados de siempre.

Al contravenir la estética de la edición importada los libros cartoneros contrarían los parámetros naturalizados que la industria cultural imprime al valor cultural, cuestionando, a su vez, las leyes del valor económico. Si bien los bajos costos de producción de la editorial Cartonera habilitan el bajo costo de los libros, ni el precio de venta de los libros y ni el de compra de la materia prima responden a las leyes de oferta y demanda que rigen la economía de mercado. Cartonera compra el cartón a los cartoneros a un precio casi cinco veces mayor que la industria recicladora; y los libros cartoneros siguen costando un tercio del valor promedio de los libros en librerías, a pesar de haber aumentado su venta a más del doble. Si bien el libro cartonero es una mercancía, mantiene una relación de "familiar extrañeza" con las leyes de oferta y demanda que rigen la economía de mercado. Por este motivo los libros cartoneros no se encuentran fácilmente en las librerías bonaerenses; los libreros explican que no los tienen a la venta porque no dejan un margen de ganancia interesante para la empresa.

Asimismo, la relación entre los miembros del grupo –estudiantes universitarios, escritores, cartoneros, diseñadores gráficos, porteros de barrio– guarda una relación de "familiar extrañeza" con las relaciones patrón-obrero, asociadas a una organización social jerárquica y sus estructuras de dominación. Cartonera funciona como una cooperativa pero, a pesar de cobrar todos los integrantes el mismo salario y reinvertir el excedente en la propia cooperativa, las fantasías ideológicas en las que se sostiene la relación patrón-obrero están fuertemente arraigadas en la subjetividad contemporánea. Así María Gómez sostiene que "quebrar la relación de jerarquía y la cadena de mando patrón-obrero es uno de los mayores obstáculos en la experiencia que lleva adelante el grupo. Es difícil que la gente de los barrios entienda que esto no es una relación patrón-obrero, porque vienen con eso muy marcado" (23 jul. 2006). La transformación de las relaciones patrón-obrero conlleva que "hagan suya la editorial"; a lo que agrega, "acá nadie manda, las decisiones las tomamos en asamblea, el trabajo difícil es entre todos" (23 jul. 2006).

El dinero que circula como capital, ubicado en el lugar de fetiche, es un elemento esencial de las relaciones de dominación, dado que enmascara el desacuerdo, silencia la discusión y obtura la puesta en común. Funciona como significante primario, es el representante de una falta: aquello que la encubre sosteniendo la promesa de una totalidad mítica sin pérdidas. El fetiche pasa por alto, niega y reniega el deseo del otro; en su lógica el otro ocupa fácilmente el lugar de objeto a ser gozado, abusado o explotado, mediante una operación en la que se lo expropia de su deseo de hacer y de su función respecto del saber.

En el primer capítulo, en ocasión de la novela de Aira *Los dos payasos*, trabajé la afirmación de Lacan en la que sostiene que el saber hacer del esclavo se encarna históricamente en las técnicas artesanales, y la función principal del amo consiste en "extraer su esencia para que ese saber se convierta en saber de amo" (Lacan, *El reverso* 20). Esta sustracción reafirma la posición del amo que se sostiene en "una relación primaria del saber con el goce" (Lacan, *El reverso* 17). El discurso del amo ostenta un dominio de sí mismo y del mundo que niega lo real –impredecible, incalculable e incontrolable– del vínculo con el otro.

Los dos payasos pone en escena un viejo chiste en el que un payaso ordena y el otro obedece, uno dicta y el otro escribe, una "carta que se devora a sí misma" (Aira, *Los dos payasos* 21-22). El que dicta deposita unas salchichas y un licor de pera en la mesa del que se prepara para seguir el dictado, diciendo: "–Se las dejo en la mesa para que se inspire" (23). En su frase resalta una mueca burlona; la verdad es que el escriba no necesita inspiración, sólo tiene que seguir el dictado al pie de la letra, dedicarse a transcribir al papel las palabras que el otro pronuncia sin otra función sobre las mismas. El que dicta lo invita burlonamente a tener cierta participación creativa allí donde le está vedada, en el marco de un dictado, expropiándolo, con argucia, de su saber hacer en torno a la letra. Ese plus de saber que el que dicta arrebata para sí, consagra su posición de amo en una sátira en la que irrisoriamente le entrega la palabra al esclavo.

De la misma manera, podríamos interpretar la participación de los cartoneros en el proyecto editorial como un gesto de argucia mediante el cual la cultura letrada sigue apropiándose de la función de saber de las subculturas. En otras palabras, podría tratarse de un gesto astuto de la cultura oficial para incluir, y por ende controlar, a las subculturas del gran Buenos Aires: un intento civilizatorio camuflado con jerga cartonera y cumbia villera. También podríamos interpretarla como una artimaña económica de los fundadores para sobrevivir a la crisis y, además, publicar en Cartonera sus propios textos. Como propongo con Jacques Derrida en el tercer capítulo, a propósito de la poesía de Arturo Carrera, siempre debemos estar en guardia contra los engaños de un presunto don: "¡Atención!, os creéis que hay don, disimetría, generosidad, gasto o pérdida, pero el círculo de la deuda, del intercambio o del equilibrio simbólico se reconstruye de acuerdo con las leyes del inconsciente; la conciencia 'generosa' o 'agradecida' no es sino el fenómeno de un cálculo y la artimaña de una economía" (Derrida, *Dar* 25).

De la misma manera, podríamos interpretar el reconocimiento que ha recibido Cartonera, a nivel nacional e internacional, como una forma de cooptación del proyecto en la lógica cultural hegemónica y en la economía de mercado: un guiño de la aniquilación de su autonomía artística y económica. En 2004 Eloísa Cartonera recibió el premio Revelación Cultural del año por el diario *Página / 12*. El mismo año se destacó su activa participación en la Feria Nacional del libro por la puesta en circulación de escritores brasileños inaccesibles en el mercado argentino. Además, siguiendo el modelo bonaerense han surgido editoriales cartoneras en la mayoría de los países latinoamericanos: Sarita Cartonera (2004) en Lima, Perú; Animita Cartonera (2005) en Santiago de Chile; Mandrágora Cartonera (2005) en Cochabamba, Bolivia; Yerba Mala Cartonera (2006) en La Paz, Bolivia; Dulcinéia Catadora (2007) en São Paulo, Brasil; Yiyi Jambo (2007) en Asunción, Paraguay; La Cartonera (2008) en Cuernavaca, México, y La propia Cartonera (2009) en Montevideo, Uruguay.

La mayoría de estas editoriales cartoneras participaron en una conferencia en la Universidad de Wisconsin Madison, en octubre de 2009, lo que podría ser fácilmente traducible como una muestra de su cooptación en el discurso universitario. Dos integrantes de Eloísa Cartonera ofrecieron, asimismo, charlas y talleres en la Universidad de

Michigan. Por su parte, en esta última, los libros cartoneros son parte de las Colecciones Especiales (*Special Collections*), por lo que se ubican en vitrinas bajo la estricta custodia de los libreros. Su excesivo cuidado y el limitado acceso a los mismos parece un mal chiste: un contrasentido que ubica al libro cartonero en el extremo opuesto al principal objetivo con el que fue creado: transformar el libro en un objeto de lectura para todos que facilite la difusión de la literatura latinoamericana.

Sin embargo, el énfasis de Aira en *Los dos payasos* no está en el éxito del dictado, tampoco en la argucia con que el gordo sustrae del otro su función respecto del saber. El énfasis está justamente en lo que de esta sustracción queda como resto irreductible, el malentendido que funda su parcial fracaso. El escriba sigue el dictado al pie de la letra, pero sin hacer otra cosa más que fallar, al comerse las salchichas con cada 'coma' y al tomarse el licorcito de pera con cada 'Beba'. En palabras lacanianas diríamos que así como el saber nunca es total, la función de apropiación del amo sobre el saber del esclavo tampoco lo es; deja un sobrante, un 'plus de goce' (*petit a*), que se articula con "esta función todavía virtual llamada deseo" (Lacan, *El reverso* 18).

En consecuencia, pensar únicamente las formas en las que la cultura oficial y la economía capitalista asimilan y aniquilan las culturas y las economías alternativas simplifica de modo reduccionista el fenómeno cultural del que Cartonera forma parte. Esta línea de pensamiento desestima las tensiones, la interacción y la discusión entre diferentes patrones culturales y económicos, y reproduce un pensamiento verticalista que perpetúa las mismas relaciones jerárquicas de dominación y sometimiento que critica. Por el contrario, el desafío está en pensar la compleja, y quizás imposible, relación entre los discursos culturales y económicos dominantes y aquello que los excede. Gareth Williams, en su libro *The Other Side of the Popular*, afirma que la exploración de la relación entre la hegemonía y aquello que la excede nos obliga a considerar la relación con el exceso de la teoría y de la práctica; nos obliga a comprometernos con un pensamiento relacional y potencialmente finito (11).

Este pensamiento relacional y finito no apunta a "una abdicación adoradora y fiel, un simple movimiento de fe ante lo que desborda a la experiencia, al conocimiento, a la ciencia, a la economía –e incluso a la filosofía" (Derrida *Dar* 38). Éste responde tanto al exceso cercano a lo irracional y a lo imposible como al contrato social, la negociación, las obligaciones y los derechos que rigen el vínculo con el otro. Es a través de esta doble atadura que el don derrideano nos interpela de la siguiente manera:

> *sabe* tú además lo que dar *quiere decir, sabe dar,* sabe lo que quieres y lo que quieres decir cuando das, sabe lo que tienes intención de dar, sabe cómo se anula el don, comprométete, aunque el compromiso sea destrucción del don por el don, da, dale tú, a la economía su oportunidad. (38)

Como desarrollé en el capítulo dedicado a la poesía sobre el dinero de Carrera, Derrida se refiere a la economía en sus valores semánticos irreductibles de casa (*oikos*) y de ley (*nomos*). Oikos nos remite a "la casa, la propiedad, la familia, el hogar, el fuego de dentro" (*Dar* 16). Mientras que: "*nomos* no significa únicamente la ley en general sino también la ley de distribución (*nemein*), la ley de la partición y la ley como participación (*moira*), la parte dada o asignada, la participación" (16). A lo que agrega que entender los valores de casa y de ley, de partición y repartición que se juegan en la economía, conduce a atender la tautología que "implica ya a lo económico en lo nómico como tal" (16). Asimismo, Marx relaciona su teoría del valor económico con el lenguaje.

> el valor no lleva escrito en la frente *lo que es.* Lejos de ello, convierte a todos los productos del trabajo en jeroglíficos sociales, pues es evidente que el concebir los objetos útiles *como valores* es obra social suyos, ni más ni menos que el lenguaje. (Marx 64)

Sin embargo, la operación mediante la cual el valor de cambio pasa a ser el nombre de todas las mercancías deja siempre un resto, que no se parte, reparte ni legisla. El mismo es un efecto de la lógica significante, pero no se cifra completamente en ella. En otras palabras: como lo propone Marx en la fórmula de la circulación del dinero como capital, y Derrida a través de la figura del círculo como su metáfora, la ley de la economía es el retorno –circular– al punto de partida, al origen sin que nada se pierda en el camino, al tender a apropiarse de su propio resto bajo la forma de plusvalor. El goce y la repetición juegan un papel fundamental en esta estructura circular. Articulado a la pulsión de muerte, como desarrolla Freud en *Más allá del principio de placer*, el goce como repetición se enraíza en la búsqueda del retorno a la estabilidad absoluta de lo inanimado, un paraíso sin tensiones ni insatisfacciones. "La repetición se funda en un retorno del goce"; pero "lo que el propio Freud articula en este sentido es que, en esta misma repetición, se produce algo que es un defecto, un fracaso", "lo que se repite no puede estar más que en posición de pérdida respecto a lo que es repetido" (Lacan, *El reverso* 48).

Significativamente, lo que otorga un sello particular al proyecto Eloísa Cartonera es que recoge el sobrante, el exceso, el desecho de la sociedad de consumo en la que se inscribe para producir literatura. Parte de un defecto, un problema en el que fracasan el sistema económico y la organización social que lo reproduce: las enormes cantidades de basura y de indigencia que generan. Este resto del cual parte su producción cultural le imprime su sello, un exceso mediante el cual el libro cartonero no se cifra completamente en la economía de mercado ni en la cultura hegemónica.

Ni la estética, ni el precio, ni la forma de producción, ni la forma de venta o distribución de los libros cartoneros siguen la lógica de la industria cultural marcada por las editoriales multinacionales. El libro cartonero mantiene una relación de "familiar extrañeza" con el curso de la industria cultural en la Argentina y con el curso de la cultura de las artes en general. La creación de una obra de arte pasa a un segundo plano para priorizar una interacción que involucra artistas y no artistas al experimentar una nueva organización social y una nueva economía entorno al arte. Esto redunda en la construcción de relaciones humanas sostenidas en un horizonte de significación en común, que no parte de significados dados a priori sino que asume la producción de significado y de valor. La producción de significado se basa en el vínculo con los otros que impone un límite al goce propio en la discusión, la puesta en común y la confrontación con el deseo del otro, y atiende a lo que éste guarda de enigma, exceso e imposibilidad.

Asimismo, los autores publicados por la editorial —entre los cuales escogimos para su análisis, en el anterior apartado, la literatura de Washington Cucurto, y en los capítulos anteriores, la literatura de Aira

y Carrera– apuestan a este horizonte de significación común a partir de
la puesta en cuestión de significados hegemónicos en torno al dinero, la
hombría, la política, la raza, los chistes y la nación argentina. Al igual que
el libro cartonero, a través de lo cómico y lo infantil, su literatura subraya
las fracturas en el ideal de cultura nacional, asociado al ideal de economía,
de masculinidad y de nación.

Por otro lado, la organización cooperativa del trabajo en Cartonera
–la partición y repartición de las ganancias y de las responsabilidades–
sumada al precio de compra de la materia prima y al de venta de los libros,
guardan una relación de "familiar extrañeza" con las leyes básicas de la
economía de mercado. Sin embargo, esto no quita que tanto los miembros
de la editorial como los autores que donan sus obras obtengan por ello
beneficios económicos y reconocimiento social en el campo de la cultura,
especialmente los escritores aún no reconocidos que buscan hacerse un
lugar en el medio literario. Leandro Ávalos Blacha, por ejemplo, ganó
el premio "Nueva Narrativa Sudaca Border 2005" otorgado por Eloísa
Cartonera, y dos años después recibió el Premio Indio Rico 2007, y fue
publicado por la Editorial Entropía. Asimismo, Cartonera ha brindado
a Cucurto notoriedad en el ámbito cultural; y el libro de Aira *Mil gotas,*
publicado por Cartonera, alcanzó el mayor promedio de ventas de libros
de autores nacionales editados en la Argentina. Por ende, el fenómeno
cultural y social de Cartonera no encarna un corte radical con la partición
y la repartición propias de la economía ni un modo de sociabilidad
totalmente ajeno al interés propio.

Actualmente, Cartonera tiene publicados más de ciento cincuenta
títulos que forman parte de una cuidadosa selección de textos de escritores
de Argentina, Chile, México, Costa Rica, Uruguay, Brasil y Perú, quienes
participan en el proyecto donando sus derechos de autor. Su catálogo
intercala autores de larga trayectoria con autores nuevos que publican por
primera vez. Entre los autores de larga trayectoria se encuentran Arturo
Carrera, César Aira, Leónidas Lamborghini, Ricardo Zelarayán, Néstor
Perlongher, Rodolfo Enrique Fogwil, Ricardo Piglia, Fabián Casas, Sergio
Bizio, Alans Pauls, Washington Cucurto, Martín Gambarotta, Cecilia
Pavón y Fernanda Laguna, Raúl Zurita, Diamela Eltit, Mario Bellatín,
Dani Umpi y Horaldo Campos, entre muchos otros.

En suma, los libros cartoneros ostentan una estética torpe, infantil y colorinche que parodia al libro clásico, y deja al descubierto el exceso en el cual la sociedad de consumo encuentra su propio límite en la basura y en la pobreza: allí donde la hegemonía económica y cultural encarna su propia sinrazón. Su estética y su precio de venta introducen una extrañeza inquietante en el curso de la industria cultural. Ponen en cuestión los parámetros del valor cultural gobernados por la estética de la edición importada de tapa dura y su precio prohibitivo para gran parte de la sociedad, en los que el libro deviene un fetiche de la alta cultura. Asimismo, subrayan la relación entre la fantasía ideológica que sostiene al libro como fetiche de la alta cultura y al dinero como objeto sublime del intercambio.

En consecuencia, el fenómeno cultural en torno a los libros cartoneros abre un espacio para la experimentación de formas de intercambio y organización social, a través de las cuales puede surgir un nuevo sistema de creencias, de crédito cultural y económico. Sin embargo, este sistema no puede dejar de pensarse en relación a la basura, al resto, al exceso que marca su propia inconsistencia; no puede dejar de pensarse como la objetivación de una falta, o la forma positiva de un fracaso. Los significados que el proyecto construye en su práctica no pueden dejar de pensarse en relación a su propio exceso, con "ese oro de la no intención, el oro de no durar, de no tener, de no saber, de hacer el signo con absoluta humildad" (Carrera, *Potlatch* 10).

Reflexiones finales

La literatura de Osvaldo Lamborghini, César Aira y Arturo Carrera forma parte de una tendencia histórica en la cual la práctica literaria se torna más dispersa, fragmentada e incierta, y retrocede en su función civilizadora, institucionalizadora y homogeneizante. Si analizamos su literatura desde el punto de vista que construyó y sostuvo el pasado siglo de la literatura argentina, nos puede parecer un fraude, un chantaje, una simulación o una burla. Lo mismo ocurre con la literatura de Washington Cucurto y al comparar el libro cartonero con la estética del libro de tapa dura marcada por la industria cultural. Pero lo que esta producción cultural pone en evidencia es justamente que los valores son históricos; y exige una redefinición del arte y la literatura en la cual se inscribe una importante vertiente de la producción cultural del cambio de milenio, de la que son emblema los libros cartoneros.

El lenguaje de la literatura de Lamborghini, Aira y Carrera se aleja del coloquialismo realista propio de la literatura comprometida y del lenguaje militante; pero ésto no motiva una ausencia de representación figurativa ni un corte con la referencialidad, tampoco un corte del lazo con lo extra-literario ni una abdicación en la búsqueda de un horizonte de significación común. Asimismo, se aleja de la crítica ideológica centrada en denunciar los abusos de los núcleos de poder económicos o políticos, en pos de una exploración de los aspectos de la subjetividad en los cuales éstos se generalizan, se reproducen y se perpetúan. Los mencionados autores retoman temáticas propias del realismo, tales como la pobreza, la corrupción, la xenofobia política, el racismo y la homofobia; pero lejos de asumir la estabilidad del sentido, aceptan el fracaso de toda clausura y el conflicto como condición interna de toda identidad. Lo infantil y lo cómico –torpe, fuera de lugar, irrisorio, inapropiado, caótico, o sospechosamente inocente– distorsionan la verosimilitud con la realidad para introducir una "extrañeza inquietante" en la que trastabillan los ideales de cultura, de economía, de masculinidad y de nación.

En otras palabras: literatura y libros cartoneros señalan aspectos naturalizados de la cotidianidad que solemos pasar por alto. Estos últimos de tan conocidos y familiares se tornan imperceptibles y devienen puntos ciegos para la subjetividad, y es justamente en ellos donde se reproduce la ideología contemporánea. Lo infantil y lo cómico abren el espacio para el advenimiento de lo siniestro, allí donde reconocemos algo ajeno, amenazante y peligroso en el corazón de lo íntimo y familiar; algo terrorífico consabido de antiguo que articula las fantasías ideológicas en las cuales se sostienen nuestra propia miseria y la de toda una época.

En la narrativa de Aira la extrañeza inquietante se encarna en un recurso literario característico de su escritura al que denominé idea siniestra. En ella se articulan duros núcleos de la realidad argentina contemporánea, o histórica, con elementos irrisorios y grotescos que la tornan caótica y abigarrada, y echan "a perder todo el realismo", pero constituyen, sin embargo, el punto pivote para la construcción del relato (Aira, *Fragmento* 23). Para Aira, paradójicamente, lo más fantástico, lo más trucado, que por ejemplo alguien engorde treinta kilos en el curso de un dictado, introduce "un toque de auténtico realismo" (Aira, *Los dos payasos* 55). Y en la banalidad superficial de un sketch de circo se nos revela el gesto de argucia con el cual el que domina expropia al sometido su saber en torno al significado. La idea siniestra articula una experimentación formal vanguardista con temas y contextos realistas, y deviene vía regia a la fantasía ideológica que reproduce la xenofobia política de los antiperonistas, el desamparo de la vejez en la crisis económica de 2001, los hurgadores de basura y las villas miseria.

En "La causa justa", de Lamborghini, la "extrañeza inquietante" pone en cuestión el humor porteño, que naturalizado en las relaciones sociales oculta a la vista de todos un alto grado de violencia. La cargada, la burla y las bromas de mal gusto reproducen la xenofobia política, el racismo y la homofobia. El chiste articula la desmentida, que afirma y niega a la vez un mismo precepto o juicio, lo que habilita decir sin decir, o afirmar, aunque en chiste, manifestaciones racistas, xenófobas y homofóbicas. Asimismo, chistesególatras y narcisistas se asocian a la corrupción estatal y empresarial, durante la última dictadura militar, representada en la coima. Buenos Aires, "la llanura de los chistes", se transforma en "una especie de paraíso, complicadísimo, del equívoco juguetón, sí, pero padre también de la muerte, que no entraba en la cabeza del hombre" (Lamborghini, "La causa justa" 25). Los chistes de mal gusto se amalgaman con un Yoególatra, omnisapiente y omnipotente en una fantasía ideológica de masculinidad y de nación que niega y desmiente la muerte, que no cabe en la cabeza del hombre, pero insiste en la historia de un pueblo que durante el siglo XX tuvo casi tantos días de opresión dictatorial como de democracia.

En *Potlatch*, de Carrera, una palabra de la infancia introduce una "extrañeza inquietante" en la relación con el dinero. Carrera se detiene en los que denominé "ritos de iniciación a la lógica del dinero en la infancia", comúnmente automatizados en la realidad cotidiana. Se trata de relatos, hábitos y ritos, en los cuales el niño es introducido en la lógica del intercambio económico, como por ejemplo el ratón de los dientes de leche, la carta a Papá Noel o los Reyes Magos, o el billete debajo del plato de ñoquis. El dinero deviene una "amalgama de representaciones que une, liga los órdenes que simulan la gran indiferencia en la infancia" (*Potlatch* 9). Pero, a su vez, la infancia es el "apagón de sentido" en que el dinero es sólo el "eco de un valor", cuando "todavía no sabíamos bien lo que era" (9). El niño trastabilla, no comprende del todo la encarnación de la riqueza en la realidad material inmediata del dinero, su carácter místico lleno de caprichos ideológicos. Esta "extrañeza inquietante" en la relación con el dinero abre la posibilidad del "don" que excede al cálculo económico y a la cadena de deudores y acreedores en la que, sin embargo, se inscribe. La infancia ocurre extrañando al dinero en su función de fetiche que obtura el deseo, tanto en el ahorro como en el gasto y el derroche, en pos de una fantasía ideológica de satisfacción plena y un goce sin límites.

En la poscrisis de 2001 la "extrañeza inquietante" se encarna en la visibilización que adquieren quienes ya hacía más de una década estaban siendo perjudicados por las políticas económicas gubernamentales. Lo consabido de antiguo sale a la luz en la explosión de una nueva composición social hacia fines de siglo, representada en la literatura de Cucurto, el cine documental de Pino Solanas o Livon-Grosman, entre muchos otros. La histórica clase media argentina ve muy cerca la posibilidad de perder sus ahorros, su casa, su trabajo y engrosar los ejércitos de cartoneros, compartiendo el hurgado de las basuras con los despojados de siempre. Esta "extrañeza inquietante" se expande a la esfera de la cultura, que hacia fines de siglo era producida y consumida por un sector cada vez más reducido de la población. Los libros cartoneros, con su estética colorinche e infantil, funcionan como una parodia del libro clásico. Extrañan los parámetros que otorgan valor y legitiman la producción cultural, al cuestionar los patrones estéticos de publicación impuestos por las editoriales multinacionales con un precio prohibitivo para gran parte de la sociedad. Esta "extrañeza inquietante" en torno al libro es vía regia a la fantasía ideológica que posiciona al libro como fetiche de la alta cultura, asociado con una organización social jerárquica y un saber dominante en el ámbito de la cultura nacional.

La "extrañeza inquietante" de los textos literarios y de los libros cartoneros estudiados se produce por el descubrimiento de que lo que adviene como ajeno, extraño y amenazante, siempre estuvo allí: en la violencia verbal y física, en el racismo, la homofobia, la xenofobia política y el cálculo económico que tiñen la realidad, tanto la cotidiana de las calles como la de la intimidad del recinto donde se mora. Esta extrañeza inquietante encarna un remanente convocado por la infancia y lo cómico, articulado con una falla irreducible en el lenguaje: una imposibilidad de estabilidad y de univocidad del significado que redunda en una pérdida de control y de saber. Paradójicamente, esta falla habilita un espacio de relaciones humanas con un horizonte de significación en común, donde el advenimiento de lo siniestro nos llama a asumir el conflicto como condición interna de toda identidad. La extrañeza inquietante, propia de lo siniestro freudiano, subraya el exceso que resta a las suturas de una fantasía ideológica de nación, de masculinidad, de economía y de cultura donde el significado se torna hegemónico.

La producción cultural trabajada se constituye a partir de materiales ajenos a la estética clásica: restos del lenguaje y desperdicios de la ciudad que convocan al tropiezo discursivo. El escritor se transforma en cómico que subraya el tropiezo en el decir del habla cotidiana; y destaca en la superficialidad del lenguaje fantasías ideológicas de dominación y jerarquización en relación con la cultura, la masculinidad y el dinero, comúnmente desapercibidas, negadas o desmentidas. El escritor también es el poeta que cita el plus de significación, que dice algo más de lo que realmente dijo, torpe al manejar los códigos de su propia cultura, cómico, raro, inapropiado e irrisorio. El juego con el significante exacerba los alcances de la ironía, de la digresión y de los circunloquios, transformándose en un recurso de ruptura con la hegemonía del significado, los hábitos de pensamiento y los automatismos.

En suma, abrir el espacio para que lo siniestro acontezca en la cultura requiere mantener una relación fluida con lo que resta a la configuración de sus propios enunciados. Es así que la producción cultural aquí trabajada encuentra un emblema en la figura del maestro agonizante paseado en silla de ruedas por las calles de Buenos Aires: Sullo, el linotipista, que al borde de ser escritor, paradójicamente, no escribe nunca, sólo subraya. Un maestro que soporta en su cuerpo agonizante la dádiva de sus seguidores, sus insultos, su envidia, su humor, su saqueo y, en última instancia, una demanda de verdad siempre insatisfecha. La literatura de Lamborghini, Aira y Carrera soporta en el cuerpo fracturado de sus subrayados la posibilidad de fabular otra historia en la que se reinventen la literatura y los parámetros de valor cultural que la legitiman, junto con la organización social jerárquica en la que se inscribe. Se llama así a la literatura a abrir un espacio para la experimentación de formas de intercambio y organización social enlazadas a un nuevo sistema de creencias y de crédito, como ocurre en gran parte de la producción cultural de la poscrisis de 2001, de la cual son emblema los libros cartoneros. Sin embargo, este nuevo sistema no puede dejar de pensarse como la objetivación de una falta, como la forma positiva de un fracaso a partir del cual "engendrar más malentendidos, multiplicarlos y hacerlos más eficaces, hacer de ellos verdades que sirvan para vivir y crear" (Aira, "Lo incomprensible" 34).

Bibliografía

Agujeros en el techo. Malena Bystrowicz, dir., 2007.

Aira, César. *Ema, la cautiva.* Buenos Aires: Belgrano, 1981.

_____ "El vestido rosa". *Las ovejas.* Buenos Aires: Ada Korn Editora, 1984.

_____ Prólogo. *Novelas y cuentos* de Osvaldo Lamborghini. Barcelona: Ediciones del Serbal, 1988. 7-16.

_____ *Copi.* Rosario: Beatriz Viterbo, 1991.

_____ *La liebre.* Buenos Aires: Emecé, 1991.

_____ *El llanto.* Rosario: Beatriz Viterbo, 1992.

_____ *La prueba.* Buenos Aires. Grupo Editor Latinoamericano, 1992.

_____ *Cómo me hice monja.* Rosario: Beatriz Viterbo, 1993.

_____ *Los misterios de Rosario.* Buenos Aires: Emecé, 1994.

_____ "La innovación". *Boletín / 4 del Centro de Estudios de Teoría y Crítica Literaria* 4 (1995): 28-30.

_____ *Los dos payasos.* Rosario: Beatriz Viterbo, 1995.

_____ *Taxol. Precedido de Duchamp en México y La broma.* Buenos Aires: Simurg, 1997.

_____ *Las curas milagrosas del Dr. Aira.* Buenos Aires: Simurg, 1998.

_____ *La mendiga.* Buenos Aires: Mondadori, 1998.

_____ *El congreso de literatura.* Buenos Aires: Tusquets, 1999.

_____ "Lo incomprensible". *El malpesante* 24 (2000): 32-38.

_____ *Un sueño realizado.* Buenos Aires: Alfaguara, 2001.

_____ "Los poetas del 31 de diciembre de 2001". *Babelia, El País.* 7 Feb 2002. Web. 20 Apr. 2013.

_____ *La Villa.* Buenos Aires: Emecé, 2001.

_____ *Fragmento de un diario en los Alpes.* Rosario: Beatriz Viterbo, 2002.

_____ *El Tilo.* Rosario: Beatriz Viterbo, 2003.

_____ *Las noches de Flores.* Barcelona: Mondadori, 2004.

Anguita, Eduardo. *Cartoneros: recuperadores de desechos y causas perdidas.* Buenos Aires: Norma, 2003.

Arlt, Roberto. *El juguete rabioso. Los siete locos.* Barcelona: Bruguera, 1979.

_____ *Los siete locos.* Madrid : Cátedra, 1992.

Astutti, Adriana. "Lamborghini, Osvaldo: el menor". *Celeis: Revista del Centro de Letras Hispanoamericanas* 5/6-8 (1996): 21-34.

_____ *Andares clancos: fábulas del menor en Osvaldo Lamborghini, J. C. Onetti, Rubén Darío, J. L. Borges, Silvina Ocampo y Manuel Puig.* Rosario: Beatriz Viterbo Editora, 2001.

_____ "El retorno de la infancia en *Los misterios de Rosario* y *Cómo me hice monja,* de César Aira". *Iberoamericana* 2/8 (2002): 151-67.

Barenfeld, Eva. "Realismo en proceso". *Especulo. Revista de Estudios Literarios.* 23 (2003): 68-73. <http://www.ucm.es/info/especulo/numero23/c_aira.html>.

Barilaro, Javier y otros. *No hay cuchillos sin rosas*. *Historia de una editorial latinoamericana y Antología de jóvenes autores*. Buenos Aires: Artistas, Akademie Schloss Solitude y Eloísa Cartonera, 2007.

Benjamin, Walter. "Conversation with Brecht." *Aesthetics and Politics*. Ronald Taylor, ed. London: NLB, 1977. 86-99.

Bolivia. Israel Adrián Caetano, dir. 2001.

Borges, Jorge Luis. *Obras Completas*. Vol 1. Barcelona: Emecé, 1996.

Bosteels, Bruno. "Del complot al potlatch: política, economía, cultura". *Revista de Crítica Cultural* 26 (2003): 38-39.

Brecht, Bertolt. "Against Georg Lukács." *Aesthetics and Politics*. Ronald Taylor, ed. London: NLB, 1977. 68-85.

Bullentini, Ailín. "Cartoneros y monotributistas". *Página / 12*. 01 Nov. 2008. Web. 20 Apr. 2010. <http://www.pagina12.com.ar/diario/sociedad/3-114312-2008-11-01.html>.

Capano, Daniel. "La voz de la nueva novela histórica: La estética de la clonación y de la aporía en *La liebre* de César Aira". *Historia, ficción y metaficción en la novela latinoamericana contemporánea*. Buenos Aires: Corregidor, 1996. 91-119.

Caparrós, Martín. "La nostalgia de la pasión". *Brecha*. 606. N.d. Web. 20.03.2010 <http://www.literatura.org/Caparros/mcrepo2.html>.

Capusotto, Diego y Pedro Saborido. "Elogio del Disparate". *Revista MU* 9 (2007): 12-14.

Carrera, Arturo. *Arturo y yo*. Buenos Aires: Losada, 1980.

_____ *Mi padre*. Buenos Aires: Ediciones la Flor, 1985.

_____ *Potlatch*. Buenos Aires: Interzona editora S.A., 2004.

_____ *Escrito con un nictógrafo*. Buenos Aires: Interzona, 2005.

_____ *Children's Corner*. Buenos Aires: Ultimo Reino, 1989.

_____ *Arturo y yo*. Buenos Aires: Ediciones la Flor, 1983.

_____ y Osvaldo Lamborghini. *El palacio de los aplausos*. Rosario: Beatriz Viterbo Editora, 2002.

Carrera N. y Cotarelo M.C. "Argentina Diciembre 2001: hito en el proceso de luchas populares". *Movimientos sociales y conflictos en América Latina*. J. Seoane. Buenos Aires: FLACSO, 2004. 214-238.

Cartoneros. Ernesto Livon-Grosman, dir., 2009.

Casullo, Nicolás. Interview by María Moreno. "Cacerolazos, ni sacralizar ni consagrar". *Página / 12*. 04 mar. 2002. Web. 20 nov. 2012.

Chanfreau, Ana, et al. *Memoria y dictadura. Un espacio para la reflexión desde los Derechos Humanos*. Comisión de Educación de la Asamblea Permanente por los Derechos Humanos. Dirección General de Derechos Humanos Buenos Aires, 2004.

Chejfec, Sergio. "Sísifo en Buenos Aires". *Punto de Vista* 72 (2002): 26-31.

Chronopoulos, Themis. "Neo-liberal Reform and Urban Space: The *Cartoneros* of Buenos Aires." *City* 10 (2006): 167-82.

Colás, Santiago. *Postmodernity in Latin America: The Argentine Paradigm*. Durham: Duke UP, 1994.

Colectivo Situaciones. *19 y 20 Apuntes para el nuevo protagonismo social*. Buenos Aires: Ediciones de mano en mano, 2002.

Contreras, Sandra. *Las vueltas de César Aira*. Rosario: Beatriz Viterbo, 2002.

_____ "César Aira. Vuelta sobre el realismo". *César Aira, une révolution*. Muichele Lafon, Cristina Breuil y Margarita Remón Raillard, eds. Grenoble, France: Tigre (Hors série), 2005. 27-39.

_____ "César Aira, la estricta ética de la invención". *Ínsula: Revista de Letras y Ciencias Humanas* 711 (2006): 19-22.

Corazón de fábrica (Heart of the fabric). Molina Virna y Ardito Ernesto, dir., 2008.

Cuadernos Argentina Reciente. A 5 años del 19 y 20 de diciembre. Miguel Talento y Norberto Ivancich, eds. 3 (2006).

Cucurto, Washington. *Zelarayán.* Buenos Aires: Ediciones Del Diego, 1998.

_____ *La máquina de hacer paraguayitos.* Buenos Aires: Siesta, 2000.

_____ "Arrebatos en el conventillo". Entrevista de Martín Prieto. *Proyecto V.* 05 abr. 2002.

_____ *Cosa de Negros.* Buenos Aires: Interzona, 2003.

_____ *Las aventuras del Señor Maíz.* Buenos Aires: Interzona, 2005.

_____ *1999.* Buenos Aires: Eloísa Cartonera, 2007.

_____ *Hatuchay.* Buenos Aires: Ediciones Vox, 2007.

De Man, Paul. *La ideología estética.* M. Asensi y M. Richart, trads. Madrid: Cátedra, 1998.

De Navascués, Javier. "La novela argentina en busca de una tradición: el caso de Mansilla". *Revista de Filología Hispánica* 15/1 (1999): 227-38.

De Rosolato, Guy, et al. *Le désir et la perversion.* Paris: Points, 1981.

Derrida, Jacques. "Firma, acontecimiento, contexto". *Márgenes de la filosofía.* Madrid: Cátedra, 1998. 347-372.

_____ *Dar (el) tiempo.* Madrid: Tecnos, 1998.

_____ *Fuerza de ley. El fundamento místico de la autoridad.* Madrid: Tecnos, 1997.

_____ *Políticas de la amistad*. Madrid: Trotta, 1998.

Duchesne Winter, Juan. "Prólogo". *La poesía de Arturo Carrera. Antología de la obra y la crítica*. Juan Duchesne Winter y Nancy Fernández, eds. Pittsburgh: IILI, 2010.

Fernández, Nancy. *Experiencia y escritura: sobre la poesía de Arturo Carrera*. Beatriz Viterbo Editora, 2008.

_____ "Violencia, risa y parodia: 'El niño proletario' de O. Lamborghini y *Sin rumbo* de E. Cambaceres". *Revista interamericana de bibliografía* 43/3 (1993): 413-17.

_____ *Narraciones viajeras: César Aira y Juan José Saer*. Buenos Aires: Biblos, 2000.

_____ "Cucurto y Zelarayán". *El interpretado. Literatura, arte y pensamiento* 29. 28 Dic. 2006. Web. 20 nov. 2012.

_____ "Las cuentas del azar: Notas sobre César Aira". *Escritura: Revista de Teoría y Crítica Literarias* 19/37-38 (1994): 61-69.

Franco, Jean. *Decadencia y caída de la ciudad letrada*. Madrid: Debate Editorial, 2003.

Freud, Sigmund. "Carta 52, 6 de Diciembre de 1896". *Publicaciones prepsicoanalíticas y manuscritos inéditos en vida de Freud. Obras completas (1886-1899) I*. 24 vols. Buenos Aires: Amorrortu, 1979.

_____ "El trabajo del sueño". *La interpretación de los sueños (I). Obras completas (1900) IV*. 24 vols. Buenos Aires: Amorrortu, 1979.

_____ *Tres ensayos de teoría sexual y otras obras. Obras Completas (1901-1905) VII*. 24 vols. Buenos Aires: Amorrortu, 1979.

_____ *El chiste y su relación con el inconsciente. Obras Completas (1905) VIII*. 24 vols. Buenos Aires: Amorrortu, 1979.

_____ "Lo ominoso". *De la historia de una neurosis infantil. Obras completas (1917-1919) XVII.* 24 vols. Buenos Aires: Amorrortu, 1979. 215-251.

_____ "Pegan a un niño". *De la historia de una neurosis infantil. Obras Completas (1917-1919) XVII.* 24 vols. Buenos Aires: Amorrortu, 1979.

_____ *Más allá del principio del placer, Psicología de la masas y análisis del yo, y otras obras. Obras Completas (1920-1922) XVIII.* 24 vols. Buenos Aires: Amorrortu, 1979.

García, Germán. *Nanina.* Buenos Aires: Jorge Álvarez, 1968.

García, José Mariano. *Degeneraciones textuales: los géneros en la obra de César Aira.* Rosario: Beatriz Viterbo, 2006.

Giorgi, Gabriel. "Diagnósticos del raro. Cuerpo masculino y nación en Osvaldo Lamborghini". *Heterotropias narrativas de identidad y alteridad latinoamericana.* Pittsburgh, PA: Instituto Internacional de Literatura Iberoamericana, 2003. 321-42.

Gómez, María. Entrevista Personal. 23 Julio 2006.

González, Horacio. "Cacerolas, multitud, pueblo". Entrevista de María Moreno. *Página / 12.* 11 feb. 02. Web. 20 nov. 2012.

Gusmán, Luis. *El frasquito.* Buenos Aires: Ediciones Noé, 1973.

Hardt, Michael y Antonio Negri. *Multitude: War and Democracy in the Age of Empire.* New York: The Penguin Press, 2004.

Harvey, David. *A Brief History of Neoliberalism.* New York: Oxford UP, 2005.

Horowicz, Alejandro. *Los cuatro peronismos.* Buenos Aires: Edhasa, 2005.

Horne, Luz. *Towards a New Realism: Caio Fernando Abreu, Cesar Aira, Sergio Chejfec y Joao Gilberto Noll*. Diss. Yale University, 2005. Dissertations & Theses: A&I. Ann Arbor: UMI, 2008.

Jenckes, Kate. "Blind Witnessing and the Aneconomics of the Literary (in Arturo Carrera's *Potlatch*)". Inédito. Association of Hispanists of Great Britain and Ireland (AHGBI) Conference. Aberdeen, Scotland, abril 2007.

Kohan, Martín. "Lo más breve de lo breve: Las novelas ínfimas de César Aira". *César Aira, une révolution*. Muichele Lafon, Cristina Breuil y Margarita Remón Raillard, eds. Grenoble, France: Tigre (Hors série), 2005. 79-86.

Kraniauskas, John. "Porno-Revolution, *El Fiord* and the Eva-Peronist State." *Angelaki: Journal of the Theoretical Humanities* 1 (2001): 145-153.

La Dignidad de los Nadies. Dir. Fernando Pino Solanas. Cinesur S.A., 2005.

Lacan, Jacques. *El hombre de los lobos. 1953 Libro I.* 27 vols. Buenos Aires: Paidós, 2000.

_____ *Las Psicosis. 1955-1956 Libro 3.* 27 vols. Buenos Aires: Paidós, 1984.

_____ *La ética del psicoanálisis. 1959-1960 Libro 7.* 27 vols. Buenos Aires: Paidós, 2000.

_____ *Los cuatro conceptos fundamentales del psicoanálisis. 1964 Libro 11.* 27 vols. Buenos Aires: Paidós, 2000.

_____ *El reverso del psicoanálisis. 1969-1970 Libro 17.* 27 vols. Buenos Aires: Paidós, 1992.

_____ *R.S.I. 1974-1975 Libro 22.* Versión Integra. Texto establecido por JA. Millar en Ornicar?

_____ *Escritos II*. T. Segovia, trad. 15ª ed. 2 vols. México: Siglo XXI, 1989.

Laddaga, Reinaldo. "Una literatura de la clase media: notas sobre César Aira". *Hispanoamérica: Revista de Literatura* 30/88 (2001): 37-48.

_____ *Estética de la emergencia: la formación de otra cultura de las artes*. Buenos Aires: Adriana Hidalgo Editora, 2006.

Lafon, Muichele, Cristina Breuil y Margarita Remón Raillard. *César Aira, une révolution*. Grenoble, France: Tigre (Hors série), 2005.

Lamborghini, Osvaldo. *El Fiord*. Buenos Aires: Chinatown, 1969.

_____ *Sebregondi retrocede*. Buenos Aires: Noé, 1973.

_____ "El lugar del artista. Entrevista a Osvaldo Lamborghini". *Lecturas Críticas. Revista de Investigación y Teorías Literarias* 1/1 (1980): 48-51.

_____ *Tadeys*. César Aira, ed. Buenos Aires: Del Serbal, 1994.

_____ *Stegman 533 "bla"*. Arturo Carrera, ed. Buenos Aires: Mate, 1997.

_____ *Poemas*. Buenos Aires: Tierra Baldía, 1980.

_____ *Novelas y cuentos*. César Aira, ed. Buenos Aires: Del Serbal, 1988.

_____ *Novelas y cuentos II*. César Aira, ed. Buenos Aires: Sudamericana, 2003.

Lewkowicz, Ignacio. *Sucesos argentinos. Cacerolazo y subjetividad postestatal*. Buenos Aires: Paidós, 2002.

Link, Daniel. "Vida y obra". *Página / 12*. 4 Mayo 2003. Web. 20 nov. 2012.

Longoni, Ana. "Introducción". *Revolución en el Arte* de Oscar Masotta. Buenos Aires: Edhasa, 2004.

Ludmer, Josefina. *El cuerpo del delito: un manual*. Buenos Aires: Perfil, 1999.

Lukács, Georg. *Sociología de la literatura.* Peer Ludz, ed. Madrid: Península, 1966.

Luna, Félix. *Perón y su tiempo.* Buenos Aires: Editorial Sudamericana, 1984.

_____ *Argentina de Perón a Lanusse, 1943-1973.* Buenos Aires: Sudamericana, 1984.

Macedonio, Fernández. *Museo de la novela de la eterna.* Madrid: Fondo de Cultura Económica, 1993.

Marco di, Graciela y Palomino Héctor, comp. *Reflexiones sobre los movimientos sociales en la Argentina.* Buenos Aires: Jorge Baudino Ediciones, UNSAM, 2004.

Marx, Karl. *El Capital. Crítica de la economía política.* 3 vols. Buenos Aires: Cártago S.R.L., 1956.

_____ *Grundrisse. Lineamientos fundamentales para la crítica de la economía política.* V1. Buenos Aires: Fondo de Cultura Económica, 1995.

Masiello, Francine. "Política de la marginalidad en la vanguardia argentina". *Nuevo Texto Crítico* 2 (1988): 308-314.

_____ "Reading for the People and Getting There First." *The Ethics of Latin American Literary Criticism. Reading Otherwise.* Erin Graff Zivin, ed. New York: Palgrave Macmillan, 2007.

Mauss, Marcel. *Ensayo sobre el don: Forma y función del intercambio en las sociedades arcaicas.* Buenos Aires: Katz Editores, 2009.

Medina, Enrique. "'Die Verneinung' de Osvaldo Lamborghini". *Chasqui Revista de Literatura Latinoamericana* 8/3 (1979): 63-68.

Memorias del Saqueo. Fernando Pino Solanas, dir. Cinesur S.A., 2004.

Montaldo, Graciela. "La invención del artificio. La aventura de la historia". *La novela argentina de los años 80.* Roland Spiller, ed. Madrid-Frankfurt: Vervuert, 1991.

_____ "Un argumento contraborgeano en la literatura argentina de los años 80: Sobre C. Aira, A. Laiseca y Copi". *Hispanoamérica: Revista de Literatura* 55/19 (1990): 105-112.

Monteleone, Jorge. "Cartoneros de la cultura". *La Nación*, 10 mayo 2010. Web. 20 nov. 2012.

Nancy, Jean-Luc. *El intruso*. Buenos Aires: Amorrortu, 2006.

O'Connor, Patrick J. "César Aira's Life in Pink: Beyond Gender Games in *Cómo me hice monja*". *Revista Canadiense de Estudios Hispánicos* 25/2 (2001): 259-76.

Pacella, Cecilia. "Esquirlas de la explosión neobarroca en la poesía de los 90. La duración y el instante en La banda oscura de Alejandro de Arturo Carrera". *Umbrales y catástrofes: literatura argentina de los '90*. Córdoba: ediciones Epoké, 2003.

Peñate Rivero, Julio. "¿Una poética del viaje en la narrativa de César Aira?" *Relato de viaje y literaturas hispánicas*. Julio Peñate Rivero, ed. Madrid: Visor, 2004. 333-51.

Perlongher, Néstor. *Poemas Completos 1980-1992*. Buenos Aires: Compañía Editorial Espasa Calpe S.A. / Seix Barral, 1997.

_____ "Ondas en *El Fiord*. Barroco y corporalidad en Osvaldo Lamborghini". *Cuadernos de la comuna* 33 (1991). *Scribid*. Web. 20 abr. 2010. <http://www.scribd.com/doc/6761664/Per-Long-Her-Nestor-Ondas-en-El-Fiord>.

Piccoli Héctor. *Si no a enhestar el oro oído*. Rosario: íd, 1983.

Piglia, Ricardo. *Crítica y ficción*. Buenos Aires: Seix Barral, 1968.

_____ *Plata quemada*. Buenos Aires: Planeta, 1997.

_____ "Teoría del complot". *Extremoccidente* 2 (2003): 16-21.

Pollmann, Leo. "Una estética más allá del ser: *Ema, la cautiva* de César Aira". *La novela argentina de los años 80*. Roland Spiller, ed. Madrid-Frankfurt: Vervuert, 1991. 177-194.

Pousadela, Inés M. *Que se vayan todos. Enigmas de la representación política*. Buenos Aires: Capital Intelectual, 2006.

Prieto, Martín. *Breve historia de la literatura Argentina*. Buenos Aire: Taurus, 2006.

Puig, Manuel. *La traición de Rita Hayworth*. Buenos Aires: Jorge Álvarez, 1968.

_____ *Boquitas pintadas*. Buenos Aires: Sudamericana, 1969.

Raillard, Margarita. "La narrativa de César Aira: una sorpresa continua e ininterrumpida". *Foro Hispánico 24: La literatura argentina en los años 90*. Geneviève Fabry y Ilse Logie, eds. Ámsterdam: Rodopi, 2003. 53-64.

Rama, Ángel. *La ciudad letrada*. Hanover, NH: Ediciones del Norte, 1984.

Ramos, Daniel. Entrevista personal. 23 julio 2006.

Rancière, Jacques. *La división de lo sensible. Estética y política*. Salamanca: Centro de arte de Salamanca, 2002.

Reber, Dierdra. *"Cure for the Capitalist Headache: Affect and Fantastic Consumption in César Aira's Argentine 'Bagdad'"*. MLN (*Hispanic Issue*) 122/2 (2007): 371-399.

Rodríguez, Carlos. "Los testigos de la trata". *Página / 12*. 26 junio 2010. Web. 20 abril 2010 <http://www.pagina12.com.ar/diario/sociedad/3-139064-2010-01-26.html>.

Romero, Luis Alberto. *Argentina: una crónica total del siglo XX*. Buenos Aires: Aguilar, 2000.

Ros, Ofelia. "Conflicto social, humor y lenguaje en la literatura y el proyecto editorial de Washington Cucurto". *Latin American Research Review* 2/50 (2015): 88-102.

_____ "La infancia extrañando al dinero y el lenguaje en *Potlatch* de Arturo Carrera". *Revista Iberoamericana* LXXXI/250 (2015): 315-331.

_____ "Restos de la ideología: la idea siniestra en la literatura de César Aira". *Revista de crítica literaria latinoamericana* XXXVII/74 (Lima-Boston 2011): 149-169.

_____ "La violencia de Buenos Aires a través del humor de Osvaldo Lamborghini en La causa justa". *Revista canadiense de estudios hispánicos* 37/3 (2013): 523-543.

Rosa, Nicolás. *La letra argentina crítica 1970-2002*. Buenos Aires: Santiago Arcos Editor, 2003.

Samoilovich, Daniel. *El carrito de Eneas*. Buenos Aires: Bajo la luna, 2003.

Sarita Cartonera. N.d. Web. 20 nov. 2012.

Schmucler, Héctor. "Foreword". *Y tú también te vas. Argentina y el dinero*. By Ávila Patricia. Buenos Aires: Adriana Hidalgo, 2007.

Sefamí, Jacobo. "Neobarrocos y modernistas en la poesía latinoamericana". *Actas del XIII Congreso de la Asociación Internacional de Hispanistas*. Madrid: Castalia, 1998.

Seoane, María. *El saqueo de la Argentina*. Buenos Aires: Clacso, 2004.

Sergei, Kan. "The 19th-Century Tlingit Potlatch: A New Perspective." *American Ethnologist* 2/13 vols. (1986): 191-212.

Siganevich, Paula. "Los misteriosos destellos de lo real: el *potlatch* argentino según Arturo Carrera". *La poesía de Arturo Carrera. Antología de la obra y la crítica*. Juan Duchesne Winter y Nancy Fernández, eds. Pittsburgh: IILI, 2010. 278-287.

Sigaud, Lygia. "The vicissitudes of The Gift." *Social Anthropology*10. *European Association of Social Anthropology* (2002): 335-358.

Sloterdijk, Peter. *Crítica de la razón cínica*. Madrid: Ediciones Siruela, 2003.

Sternberg, José Enrique. "Tren Blanco: el tren de los cartoneros". *ZoneZero*, 2004. Photograph. Web. 20 nov. 2012.

Taylor, Ronald, ed. *Aesthetics and Politics*. London: NLB, 1977.

Vecchio, Diego. "El despliegue del vacío: Arturo Carrera, el barroco, los orígenes". *La poesía de Arturo Carrera. Antología de la obra y la crítica*. Juan Duchesne Winter y Nancy Fernández, eds. Pittsburgh: IILI, 2010. 249-260.

Virno, Paolo. "General intellect, éxodo, multitud". Entrevista de Flavia Costa. *Dossier de Lectures Paolo Virno*. Barcelona, 2003. PDF file. Web. 20 nov. 2012.

Williams, Gareth. *The Other Side of the Popular. Neoliberalism and Subalternity in Latin America*. Durham: Duke UP, 2002.

Zibechi, Raúl. *Genealogía de la revuelta. Argentina: la sociedad en movimiento*. Buenos Aires: Ediciones del FZLN, 2004.

Žižek, Slavoj. *Ideología. Un mapa de la cuestión*. Buenos Aires: Fondo de Cultura Económica, 2003.

_____ *El sublime objeto de la ideología*. Buenos Aires: Siglo Veintiuno Editores, 2003.